普通高等学校"互联网+"立体化教材

大学生阳光体育信息化教程

（上册）

主编　林志军　等

北京体育大学出版社

策划编辑：徐学君
责任编辑：文　茜
责任校对：房晓静
版式设计：李　莹

图书在版编目（ＣＩＰ）数据

大学生阳光体育信息化教程 . 上册 / 林志军等主编
. -- 北京：北京体育大学出版社 , 2020.12
　　ISBN 978-7-5644-3423-6

　　Ⅰ . ①大… Ⅱ . ①林… Ⅲ . ①体育教学－信息化－高
等学校－教材 Ⅳ . ① G807.4

中国版本图书馆 CIP 数据核字 (2020) 第 269149 号

大学生阳光体育信息化教程（上册）
DAXUESHENG YANGGUANGTIYU XINXIHUA JIAOCHENG

林志军　等　主编

出版发行：北京体育大学出版社
地　　址：北京市海淀区农大南路 1 号院 2 号楼 2 层办公 B-212
邮　　编：100084
网　　址：http : //cbs.bsu.edu.cn
发 行 部：010-62989320
邮 购 部：北京体育大学出版社读者服务部 010-62989432
印　　刷：北京昌联印刷有限公司
开　　本：787mm × 1092mm　1/16
成品尺寸：185mm × 260mm
印　　张：11
字　　数：260 千字
版　　次：2020 年 12 月第 1 版
印　　次：2021 年 8 月第 1 次印刷
定　　价：35.00 元

《大学生阳光体育信息化教程》（上册）
编委会

主　编　林志军　熊纯子　梁红梅　陈晓华　齐　波

副主编　胡　煜　邱颖俊　张　斯　伍　娟　蒋开园
　　　　王依依　张　伶

前　言

　　大学体育是高校教育的重要组成部分，是高校体育工作的中心环节，是实施素质教育和培养全面发展人才的重要途径。《国家中长期教育改革和发展规划纲要(2010—2020年)》(2010)、《高等学校体育工作基本标准》(2014)、《关于强化学校体育促进学生身心健康全面发展的意见》(2016)、《体育强国建设纲要》(2019)、《关于深化体教融合促进青少年健康发展的意见》(2020)等文件，从各个方面对提高大学生的体质健康水平提出了具体要求。

　　为了满足高等教育事业持续改革和快速发展的需要，进一步完善高等学校体育教学工作，充分发挥体育在培养团队精神、公平竞争意识及规则意识，健全学生人格、锤炼学生意志品质等方面的作用，把学生的思想道德培养有机融入体育课堂，编者结合湖南网络工程职业学院的专业特色，组织编写了本教材。

　　编者在编写本教材时遵循"健康第一、终身体育"的教育理念，希望学生通过学习本教材，能够主动走出教室，走进大自然，走到阳光下，积极参加体育锻炼，并将终身体育的理念融入今后的学习和生活中。

　　通过利用现代信息化技术，编者在不同运动项目章节增添了技战术动作的视频二维码，有利于学生更直观地习练并掌握运动技能，使教学过程更便捷、生动、时尚，同时也彰显了互联网时代的信息化特色。本教材分上册（理论篇）和下册（实践篇）。

　　本教材上册由林志军、熊纯子、梁红梅、陈晓华、齐波担任主编，由胡煜、邱颖俊、张斯、伍娟、蒋开园、王依依、张伶担任副主编。下册由熊纯子、王娅洁、林志军、陈晓华担任主编，由胡煜、邱颖俊、张斯、伍娟、蒋开园担任副主编。

　　由于编者水平有限，书中若有不妥之处，恳请读者批评与指正。

　　书中部分图片和视频来源于网络，如有版权问题，请联系编者，联系电话：010-62979336。

目 录

第一章　体育概述

第一节　体育的起源与发展

一、起源学说

学术界关于体育运动的起源有着不同的观点。一源论，即生产劳动是体育产生的唯一源泉，主要由恩格斯在《劳动在从猿到人转变过程中的作用》一书中所阐述的劳动创造人类、劳动创造世界的观点演绎而成。多源论，即体育的产生不是一源的，而是多源的，体育的产生不但与生产劳动有关，而且与原始社会的其他活动（如教育、军事、娱乐、医疗卫生、宗教祭祀等）也有关联。

相关的起源学说包括如下几种。

（一）劳动创造说

人类在生产劳动中，逐渐发展了走、跑、跳、投、攀登、爬越等基本活动技能。这些技能既促进了人的体力与智力的发展，又是构成各种体育运动项目的基础，因此人们认为是人类的生产劳动孕育了体育。

（二）本能理论说

本能理论说认为，体育运动是人的自然需要和本能冲动，是生命意义的自然表达，是人类生存和发展的必备能力。

（三）能量过剩说

能量过剩说认为，体育之所以产生是因为人类具有超出生存所必需的能量。体育运动是人类精力过剩时释放精力的行为。

（四）情感宣泄说

情感宣泄说的主要观点为，体育可以作为情感宣泄的一个手段，从而减少那些不能被社会接受的非法攻击性行为的发生。

（五）休闲放松说

休闲放松说的观点为，体育可以消除疲劳，健全身心。

（六）自我表现说

自我表现说认为，体育是人类在游戏和角逐中追求自我价值体现的方式。

（七）行为反复说

行为反复说认为，体育是重复某些系统行为，是对祖先活动的重复和再现。人类在一生中总是不断简单重复祖先各个发展阶段的活动。

（八）需要产生说

需要产生说认为，随着社会政治、经济和文化的发展，人类对生理机能的认知不断提高，对健康的渴望进一步增强，产生了对体育运动的强烈需求。

二、体育运动发展的三个时期

无论是哪一种学说，纵观体育运动的起源与发展，其大致经过了以下三个时期：原始体育萌芽期、竞技体育形成期、学校体育建立期。经过这三个时期，现代的体育教育体系逐步形成。其中，竞技体育的发展是推动现代体育发展的主要动力。

（一）原始体育萌芽期

1. 劳动中萌生体育

远古时代，恶劣的生存环境促使人们不得不学习与掌握走、跑、跳、投、攀登、爬越等技能。原始人类赖以生存的劳动主要是渔猎。渔猎活动要求人们不仅要反应快、动作敏捷，还要有良好的体力和一定的基本技能。这个时期的体育主要是以生存为直接目的而进行的各种能力训练。

2. 战争中推进体育

原始社会时期，生活条件异常艰苦，部落之间为了争夺生存资源，常常发动战争。为了提高各自的战斗力量，每个部落都会挑选精壮的士兵进行军事训练（徒手搏斗、骑马、射箭等）。这些为提高士兵战斗力的训练对体育的发展起到了一定的推动作用。

（二）竞技体育形成期

远在史前时代的人类生活中，便已经出现了以争取胜利为目的的原始的、古朴的体育比赛。此后，随着人类社会文明的发展，人们的基本需求逐渐由单一的生存需求转为包括健身、娱乐在内的多元需求。人们出于强身健体的目的而参加竞技活动的现象越来越普遍。竞技活动形式也随着人们运动技能水平的提高而更加丰富多彩，不少项目初具雏形，为近代竞技体育奠定了基础。

19世纪后期，竞技体育首先在欧美发达国家开展。而后，随着全球经济、文化、科学技术的发展，竞技体育在世界范围内广泛开展。19世纪末，首届现代奥林匹克运动会（以下简称奥运会）举办。如今奥运会已成为世界性的盛大体育活动，是综合水平最高、规模最大的竞技体育赛事。

在当代，竞技体育经过不断发展，不仅在理论原则和实践方法上日臻成熟，其影响也不断扩大，成为社会各阶层都喜爱的运动方式。

竞技体育是一种艺术，能够超越语言和其他社会因素的障碍，依靠大众作为传播媒介为人们所接受。竞技体育不仅有各种有效规则来防止不公平事件的发生，还是一种艺术的创造，其竞技过程往往给人一种既激烈精彩、又和谐优美的感觉。

（三）学校体育建立期

学校体育是随着教育的不断发展而逐步形成体系的。虽然在古希腊时期，体育已被列为教育内容，但受当时社会制度的制约，教育发展不平衡、不完善，体育教育更多地侧重于军事体育训练。

随着社会文明的发展和进步，竞技体育逐渐发展，越来越多的人开始关注竞技体育，体育运动对人体各方面机能的改善和调节作用也被越来越多的人关注。进入20世纪，工业文明推动了社会发展，生活水平的提高让人们有更好的物质基础和更多的时间去关注健康和生活品质，尤其是青少年的健康成长引起了社会越来越多的关注。

如今，各个国家都更加重视增强青少年的体质，在学校设置了体育课程，制定了统一的体育教学大纲，增加了体育课时，注意提高体育师资水平，升级校内体育场地和设施，重视学生的业余运动训练，努力培养优秀的运动员，开展对儿童和青少年体质与健康的研究，使学校体育走向科学化。

第二节　体育的概念与组成

一、体育的基本概念 ■■■■■■■■

体育的概念有广义与狭义之分。

（一）体育的广义概念

广义的体育亦称体育运动，是指以身体练习为基本手段，以增强体质、提高运动技术水

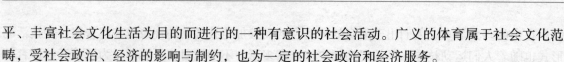

平、丰富社会文化生活为目的而进行的一种有意识的社会活动。广义的体育属于社会文化范畴，受社会政治、经济的影响与制约，也为一定的社会政治和经济服务。

（二）体育的狭义概念

狭义的体育仅指体育教育，是一个促进身体发展，增强体质，传授锻炼身体的知识、技术和技能，培养良好意志品质的过程，是教育的组成部分，目的在于培养全面发展的人。

二、体育的组成

（一）学校体育

学校体育是学校教育的重要组成部分，是全民教育的基础。学校体育作为教育和体育的交叉点，是国家体育事业发展的重点。由于学校体育处在学校教育这个特定环境中，体育的实施内容被列入了学校总体计划，实施效果有相应的措施予以保证，与其他教育环节共同构成一个完整的教育过程，旨在培养德智体美劳全面发展的社会主义接班人。

随着社会的不断发展，体育形成了科学化、社会化、娱乐化和终身化的发展趋势。学校体育不仅要注重增强体质、增进健康，还必须着眼于学生个体生存、发展的需要，即重视学生生理、心理的健康发展，力求激发学生的体育兴趣，启发学生主动参与体育的意识，不断提高学生对体育的欣赏水平，并创造条件为国家培养和输送竞技体育人才。

（二）竞技体育

竞技体育亦称竞技运动，是在体育实践中派生出来的。竞技运动一词源于拉丁语Cisport，意为离开工作进行的游戏和娱乐活动。随着竞争因素的增加，竞技体育已成为在全面发展身体素质的基础上，最大限度地挖掘人的体力、智力与运动才能，以夺取优异运动成绩为目标而进行的科学训练和各种竞赛活动。为了发扬奥林匹克精神，竞技体育在追求"更快、更高、更强——更团结"目标的同时，提倡"公平竞赛""参与比取胜更重要"等理念。20世纪70年代以来，竞技体育被认为是在高水平竞争中，以夺取优胜为目标，进而实现最大限度地开发人的竞技运动能力的运动过程。竞技运动在组合对抗的同时，更强调规则的完整和准确。可以认为，竞技规则在保证运动顺利进行的同时，也在引导运动不断趋向科学化。为应对激烈的赛场竞争，人们广泛采用先进的科学训练方法和手段，以探索人类进行竞技运动的极限。同时，由于竞技体育的动作技艺高超，组织开展的季节性强，且极易吸引广大观众，竞技体育在活跃社会文化生活、振奋民族精神、促进各国人民团结等方面有着特殊的教育作用。

（三）社会体育

社会体育亦称大众体育，是指普通民众自愿参加的，以健身、娱乐、休闲等为目的的体育活动。它吸引的对象主要是普通大众，对年龄、性别、能力等都没有限制。社会体育活动内容丰富，表现形式多样，适应性较强，参加人数较多。社会体育作为学校体育的延伸，可使学生的体育锻炼得以继续并使其受益终身。

社会体育开展的广泛性和社会化程度，取决于一个国家的经济水平、人们的生活水平、社会环境等因素。我国的社会体育正在蓬勃发展，特别是政府大力推广全民健身后，全民的体育意识大大增强。除普及型的"公园体育"仍然热度不减外，不少人已逐渐改变了体育消费观念，开始在家中置办健身器材，并参与台球、网球、保龄球、高尔夫球等消费水平较高的休闲娱乐体育项目。各种体育俱乐部、体育游乐园、健身娱乐中心竞相开办，吸引了大批体育爱好者。这些都表明我国的社会体育已进入了一个新的历史发展阶段。

第三节　体育的功能

体育具有健身、促进心理健康、娱乐、教育、政治、经济、交流等功能。正确认识和深入研究体育的功能，有助于人们了解体育在人类社会中的作用，进而充分发挥体育的不同功能，使体育更好地为人类社会的进步和发展服务。

一、健身功能

体育运动能提高中枢神经系统的工作能力，促进机体的生长发育，改善运动系统的机能，改善内脏器官的机能，提高人体的适应能力，提高人体的免疫力。

二、促进心理健康功能

体育运动通过发展人的认知能力、完善人的性格及增强人的意志品质来发挥促进心理健康的作用。

人格是构成一个人的思想、情感及行为的特有模式，是一个人区别于他人的稳定且统一的心理品质。人格是一个复杂的结构体系，由性格、气质等要素组成。通过相应的体育锻炼，人格也会随之发生改变。

在坚持体育锻炼过程中，人们要不断克服各种主客观困难。这个过程是锻炼身体的过程，也是培养良好意志品质的过程。

三、娱乐功能

体育在休闲娱乐方面所发挥的个体功能和社会功能是其他休闲娱乐活动所不可代替的。体育所具有的娱乐功能，主要通过两个方面表现出来：一是人们参加体育运动能获得乐趣；二是人们欣赏体育比赛能获得乐趣。

四、教育功能

体育是学校教育的一个重要组成部分，是教育的一种重要手段和方法。体育的教育功能是通过体育对人的身心的促进与发展来促进教育目的的实现而体现出来的。体育的主要教育功能：体育运动可以促进良好生活习惯的形成；体育运动通过提供社会规范教育、社会角色尝试来促进人的社会化；体育运动通过促进个体的个性形成、规范个体行为和培养个体进取精神来发挥体育在促进个体发展中的作用。

五、政治功能

体育作为一项在世界具有广泛影响的社会教育活动，在当今社会中与政治有着密切的关系，在提高国家政治软实力及处理国际关系和民族关系方面具有独特的功能。体育的政治功能主要体现在，体育运动可以提高国家和民族的威望，服务于国家外交，加强民族团结，弘扬社会主流价值观。

六、经济功能

体育是人的活动，特别是在成为一种很多社会成员参加的经常性活动后，体育总是在一定物质消费的基础上开展，与体育活动相关的服装、器材、装备、体育场地和设施等的消费就会随之产生。体育管理活动、体育竞赛表演活动、体育健身休闲活动、体育场馆服务、体育中介服务、体育培训与教育、体育传媒与信息服务、体育用品及相关产品制造、体育用品及相关产品销售、体育展览与会务、体育场地设施建设等产业正在蓬勃发展。

七、交流功能

体育运动，特别是一些必须通过合作才能完成的集体性体育活动，能促进人与人之间的交流和交往，有助于打破自我封闭，增加人与人之间的相互了解，改善人际关系。国际体育交往还能够促进国家与国家之间、不同民族之间的相互了解和相互信任，有利于人类社会的和平与发展。

第四节　大学体育的目标与任务

一、大学体育的目标

大学体育是我国高等教育的重要组成部分，是国民体育的基础，对培养人才、发展体育事业、提高学生体质健康水平、建设校园体育文化具有重要意义。我国大学体育教育的目标经历了从技能到体质再到健康的演变过程。传统的大学体育教育以运动技术传授为中心，以提高学生竞技水平的方式来达到增强体质的目的。这种目标定位的结果是片面强调学生运动技术能力的发展，忽视了对学生体育意识、体育能力、体育习惯的培养，忽视了体育教育在人的全面发展中的综合作用。国务院于 2016 年印发的《全民健身计划（2016—2020 年）》（以下称《计划》）指出："加强学校体育教育，将提高青少年的体育素养和养成健康行为方式作为学校教育的重要内容，保证学生在校的体育场地和锻炼时间，把学生体质健康水平纳入工作考核体系，加强学校体育工作绩效评估和行政问责。全面实施青少年体育活动促进计划，积极发挥'青少年阳光体育大会'等青少年体育品牌活动的示范引领作用，使青少年提升身体素质、掌握运动技能、培养锻炼兴趣，形成终身体育健身的良好习惯。"由此看出，体育教育的指导思想将朝着"育身"和"育人"的"双育"方向发展，大学体育教育的目标也将由传授运动技能向促进学生身心健康方向转变。

二、大学体育的任务

（一）提高学生身体与心理素质，增进身心健康

促进学生身心健康是大学体育的首要任务。身心健康是国家对各类专门人才的基本要求与期望，也是大学生顺利完成学业的保证。大学生正处于青年时期，其生长发育日趋完善和稳定，生命力旺盛，生理机能和适应能力均发展到较高水平。青年时期是生理与心理发展的关键时期。大学生应增强体育意识和健康意识，积极参与体育锻炼，全面提高身体与心理素质，同时提高对社会的适应能力和对疾病的抵抗能力，从而提高身体健康水平。

（二）发展学生体育能力和培养运动习惯

大学阶段，学生应注重体育知识和体育理论的学习，注重体育能力的提高和运动习惯的养成，这是大学体育教育的基本要求。大学生要增强自己的体育意识，发展自己的体育能力，提高参加锻炼的自觉性、积极性和实效性，掌握科学锻炼身体的原理、原则、方法和手段，促进

身心健康发展，提高综合素质，并树立终身体育意识。

（三）提高学生运动技术水平

充分利用大学校园的有利条件和大学生在体能与智力方面的优势，对部分体育基础较好、并有一定专项运动才能的大学生进行有计划的、系统的科学训练，不断提高其运动技术水平。这样既能为大学培养体育方面的骨干，又能进一步推动大学体育活动的开展，也可丰富校园文化生活。

（四）培养良好的思想道德品质和体育道德风尚

体育本身具有教育功能，是对学生进行思想教育的重要手段之一。体育具有不同于其他学科的特点。体育教育在完成教育使命的过程中，通过开展体育竞赛、团体项目、技术训练等，可以培养学生顽强拼搏、团结奋进的精神，在思想教育方面发挥着独特的作用。

第五节　树立终身体育意识

终身体育意识主要来源于终身教育观念和注重个体的文化观念，这也已成为许多国家实行教育改革的一个指导方针。体育是终身教育的重要组成内容。终身体育不单指对学生在校期间进行运动技能培养，还要确保学生在校期间的体育教育能使其终身受益。终身体育的核心在于使体育教育贯穿于人的一生，使学前体育、学校体育、社会体育等教育层次构成终身体育的教育全过程。因此，学校体育是终身体育的基础阶段。

一、大学体育在终身体育中的重要作用 ■■■■■■■

高校是培养人才的基地，体育教育是培养人才的基础。合格的人才除具有高尚的思想道德和渊博的专业知识外，还必须具有健康的体魄。人才是知识的载体，而人才需要健康体格作为物质基础。体育可以有效地改善人体的健康状况，因此想要保持身体健康必然要坚持不懈地、经常性地进行体育锻炼。终身体育行为的形成还需要人们养成锻炼的习惯，了解相关的人体知识和掌握一定的健身方法，这些都是大学体育教育和教学的重要内容。可见，大学体育教育是学生养成终身体育习惯的一个重要且关键的阶段。

高校是学生接受教育的重要阵地，其教育内容对学生的影响深远。大学体育教育应当不失时机地加强对学生主体意识的培养，利用学生锻炼身体的过程，提高其独立锻炼身体的能力，强化其终身体育观念，促使学生掌握锻炼身体的知识与方法，使高校成为培养学生终身体育行为习惯的实际场所。在终身体育的长河中，大学体育能为学生终身进行体育锻炼做好知识储备，打好身体素质基础。可见，大学体育教育在终身体育中具有重要意义。

二、终身体育教育的措施

（一）培养终身体育的意识

世界新技术革命的挑战和激烈的人才竞争，要求人才必须有强健的体魄和充沛的精力。高校体育教育应使高校学生在校期间养成终身体育的意识，并从根本上认识到终身体育不仅是社会发展的需要，也是个人生存、享受和发展的需要。

（二）激发终身体育的兴趣

在高校学生中进行终身体育教育，首先要激发学生对体育活动参与的热情。其次，在强调激发兴趣的同时，还应注重学习创造性和学习主动性的培养，使学生积极主动地体验体育运动的乐趣，养成锻炼的习惯，自觉地坚持体育锻炼。

（三）养成终身体育的习惯

终身体育习惯是经过反复练习形成的，不需要意志努力和监督就能维持锻炼自动化的行为模式。如果学生经过体育实践之后，能形成体育锻炼的习惯，那么终极性的体育动机——终身体育动机也就形成了。这种终身体育动机是一种自然、自发的人格发展。大学体育可以使学生及早养成体育锻炼的习惯，这是奠定学生终身体育基础的关键。

（四）发展终身体育的能力

终身体育教育应重视对学生能力的培养。在体育课中，教师应以传授知识和技能为主，以学生能掌握科学锻炼方法和正确的动作技术为指导思想，重点加强对学生各种能力的开发，使学生今后乃至终生在各种生活环境下都能自觉锻炼，真正实现终身体育的长久目标。

（五）加强大学体育与健康教育的结合，提高终身体育的质量

终身体育内容不仅限于体育范畴，还渗透着健康教育的思想、理论和方法。加强学校体育与健康教育的结合，将身体锻炼、运动技能及健康理论融为一体，进行体育健康教学。通过体育教育，学生能掌握多方面有关健康、健身的知识与方法，并积极投身于健身活动中，成为身心健全的人，提高终身体育的质量。

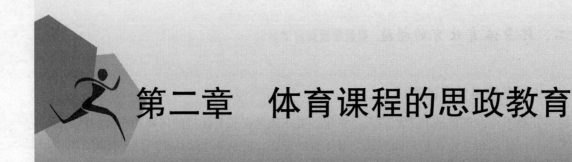

第二章　体育课程的思政教育

第一节　体育与爱国主义、团队精神

一、体育与爱国主义

爱国主义是指个人或集体对祖国的一种积极和支持的态度。早在古代，人们就宣扬爱国主义，赞颂家国情怀，倡导"修身、齐家、治国、平天下"的家国抱负。战争年代，人们的爱国主义集中体现在浴血奋战、保卫祖国的抗争上，是一种崇高的民族精神品质和精神气质。和平年代，爱国主义有着团结人民、凝聚集体的作用。大学生的爱国主义展现了其对祖国的深厚感情，主要体现在大学生不但能够认识和了解自己国家的山山水水，热爱自己国家的优秀文化，而且能够发愤图强，为国家的繁荣和富强贡献自己的力量。因此，加强对大学生的爱国主义教育，培养大学生对祖国的自豪感和自信心很有必要。

自鸦片战争开始，中华民族在"东亚病夫"的侮辱性称号下饱受磨难，人们的民族自信心和民族自尊心受到了极大打击。随着乒乓球运动员容国团首获世界冠军和2008年北京奥运会的成功举办，体育见证了中国的崛起和强大。体育对大学生的爱国主义教育主要体现在体育为中华民族优秀传统文化教育提供了土壤，为大学生的家国情怀提供了情感寄托。

（一）体育为中华民族优秀传统文化教育提供了土壤

中华民族的优秀传统文化是文明发展沉淀下来的精神财富，是经历了上千年发展的历史文化的瑰宝，也是爱国主义内涵的一个重要方面。因此，大学生的爱国主义教育不能忽视大学生对优秀传统文化的了解和传承。通过中华民族优秀传统文化教育，大学生能够增强对优秀传统文化的认同与自信，能够增强爱国主义精神。

早在古代，人们就已经认识到体育的重要性，只是古人对体育的认识呈现初级化、多元化的特点，祭天敬神、训练士兵、传承技艺、养生保健成为古人实践体育的主要方式。随着时间的推移和社会的变迁，以养生和武术为代表的古代体育文化一直传承至今，成为中华民族优秀传统文化中浓墨重彩的一笔。

武术是中华民族传统文化的优秀代表，武术文化源远流长、博大精深。例如，太极拳的拳理就是以中国传统文化为理论基础的，"天人合一""虚实转换""阴阳平衡""以柔克刚""绵里藏针"等技艺精髓均是建立在中国古代哲学观的基础之上的。这些体育活动传承到今天，更加展现了民族文化的发展，更加有力地弘扬了自强不息、不卑不亢、顽强拼搏的民族精神。充分利用体育活动，传承体育精神，使大学生对中华民族优秀传统文化有更深的认识是必要的，也是可行的。

（二）体育为大学生的家国情怀提供了情感寄托

国家强大是每一位中华儿女的殷切期盼和愿望，也是每个知识分子的使命和责任。作为知识分子的大学生更应该了解国家的历史，更应该明白山河凋敝、国力衰微意味着什么。因此，大学生的家国情怀、责任担当也应更胜一筹，对祖国强大的愿望也应远比其他人更加强烈。体育活动为大学生的家国情怀提供了情感寄托。

在奥运赛场上，运动员最大的梦想就是为国争光，运动员个人的荣誉在那一刻与祖国紧密地联系到了一起。每观看一场比赛，对于大学生而言都是一场爱国主义的洗礼，都是爱国主义情怀的归宿。大学生对祖国取胜的迫切愿望以及在祖国胜利后的欢呼等都是学生爱国情感的一种表达，是希望祖国强大的愿望的表现。因此，参加体育活动或观看体育比赛是大学生爱国主义情感寄托的重要实现途径与方式，是培养其爱国主义精神不容忽视的手段。

大学生在观看体育比赛时总是不由自主地将自己与国家联系起来。当代表自己国家的运动员获胜时，大学生会油然生起强烈的民族自豪感，对祖国繁荣富强的信心倍增，这无疑是爱国主义教育最为生动的一课。

二、体育与团队精神 ■■■■■■■■

要理解"团队合作"的含义，必须先了解"团队"的概念。1994 年，组织行为学权威学者、美国圣地亚哥大学的管理学教授斯蒂芬·罗宾斯首次提出了"团队"的概念，并将团队定义为了实现某一目标而由相互协作的个体所组成的正式群体。团队精神是指团队为完成某个既定目标所需要的统一的思想，它是一种为达到既定目标所表现出来的自愿合作和协同努力的作风。

现代体育运动基本都是以团队的形式进行的，如国家队、省队、校队、院系代表队和班队都是以团队的形式来进行竞赛的。团队中成员分工虽各不一样，但目标一致。若成员们有着一致的目标，则能有效地提升团队的凝聚力。从运动项目来看，不管是篮球、排球、足球等集体运动，还是乒乓球、羽毛球、跆拳道等个人运动，其背后必定有团队的力量存在。

（一）培养大学生团队精神的重要性

一个人的生存和生活离不开团队合作，团队合作是人类社会发展的重要动力。团队合作是一种力量，是一种需要，团队合作的力量是巨大的。荀子说过："（人）力不若牛，走不若马，而牛马为用，何也？曰：人能群，彼不能群也。"可见，团队合作不仅是人生存和发展的基础与条件，也是人社会化的表现，团队精神应该成为学校品德教育的重要内容。培养大学生的团队精神不仅可以让大学生体会到互相帮助、互相学习是大有裨益的，还可以提升大学生的成就感，培养他们的自尊心，改善他们与同学、老师的关系。

（二）体育课程如何培养团队精神

体育教学是一项特殊的教育。在体育教学内容和教学方式中，团队意识的培养和强化是极为重要的一部分。体育团队讲求搭档意识和团队精神，关注如何通力合作去实现目标。在足球、篮球、排球、接力跑等各项体育运动中，团队意识是决定一支队伍生命力和运动成绩的重要因素之一。

1. 在集体活动中培养大学生的团队精神

体育教学有着严格的组织形式和活动规则，要求参加者自觉遵守。参加者要充分了解自己的特点、长处，了解集体的部署，随时观察环境的变化，并清楚了解同伴的情况、状态和战术设计。参加者通过彼此之间的沟通、合作，围绕共同的目标，最大限度地发挥个人水平，使团队获得理想的结果。大学体育教育正是通过此种方式培养大学生的责任感、使命感、组织纪律性，以及团结互助、热爱集体的意识。

2. 在体育游戏中培养大学生的团队精神

教师在大学体育课上以游戏形式进行教学，对大学生的竞争与合作素质的培养有更好的作用。在体育活动中，大学生要有合作练习的意识；在游戏对抗中，大学生需要相互交流、合作，从而达到共同提高、取胜的目的。因此，体育游戏教学法对大学生团队精神的培养具有独特的作用。

3. 在体育竞赛中培养大学生的团队精神

体育教学中的竞赛活动是培养大学生团队精神的良好方式。在紧张激烈的集体比赛中，个人技术虽然重要，但战术配合更为重要。战术配合最重要的要素之一就是团队协作。在体育竞赛中，当个人融入集体时，其才能感受到团队合作的重要性，才能理解团队的成败与个人之间的关系，才能领略竞争与拼搏的艰辛。

第二节　体育与公平竞争意识、规则意识

一、体育与公平竞争意识

（一）培养大学生公平竞争意识的意义

竞争精神和竞争能力是人生存与发展的重要素质。从个人方面看，竞争在当代社会无处不在，一个人一生要面临许多竞争，如升学、就业等。缺乏竞争精神和竞争能力就难以立足于社会。从教育方面看，培养大学生的公平竞争意识，是教育的培养目标，也是提高教育效率的手段，还具有重要的教育意义。第一，竞争可以激发大学生的原始动机和内驱力，推动大学生积极思考，勤奋学习，努力实践，探索创造；第二，竞争可以为大学生提供展示其特长、个性、潜能、价值的机会或舞台；第三，竞争可以为大学生提供模拟的社会竞争环境，为其搭建从大学生内部竞争到社会外部竞争的桥梁，有助于其心理状态的过渡。

竞争精神和竞争能力是社会发展对现代人提出的基本要求。竞争精神是大学生必备的基本素质，这是由社会的发展所决定的。现代社会是个充满竞争的经济社会，未来社会是竞争更加激烈的多元社会。现代化市场经济体系的建立要求现代人必须形成适应社会经济发展的生存意识、公平竞争意识。竞争有助于个人潜能的发挥和自身价值的实现；有助于个人适应社会发展，成就事业；有助于提升全民族的竞争精神，推动社会进步。

（二）体育课程培养公平竞争意识的方式

以往的体育课程，未将培养大学生公平竞争意识列入目标范畴。体育课程是培养大学生公平竞争意识的良好途径。没有竞争，就没有超越，没有创新和发展。竞争是体育运动本身固有的属性，是体育具有强大生命力的原因之一。体育竞争激励着人们利用体能、勇气、技术、智慧去奋勇拼搏、积极进取、大胆创新，为集体争取荣誉。体育比赛的魅力就在于竞争，在于有公正的、平等的竞争。体育比赛的另一个魅力在于其不停地追求与超越，它追求人类的完美、健康、聪慧、愉悦，追求人类社会的友谊、和平、公正、进步；它挑战人类的生理极限，通过更快、更高、更强的要求不断实现人的自我超越。体育比赛的突出特点之一是其现场性和公开性，快慢强弱的现场表现，胜败荣辱的公开亮相，没有丝毫的掩饰和遮挡。因此，体育比赛的现场性和公开性会产生明显的激励性。

在体育教学中，教师要依靠体育自身所特有的竞争性，培养大学生的公平竞争意识，发挥体育课程不可替代的重要作用。

二、体育与规则意识 ■■■■■■■■

在一个社会中，规则大体上可分为两个部分：法律是显性的规则；道德是隐性的规则。法律具有国家强制力，这种规则对人的约束是刚性的，不存在转圜的余地；它的适用是平等的，与相关人员社会地位的高低无关。只要个体具有该国的国籍或居留权，或在该国的土地上，其行为就理应受相应法律的约束。道德则是一个社会必不可少的规范人的行为、约束人与人之间关系的另一种规则。这种规则不靠特定部门或机构来监督或执行，而是靠人的自觉性来维持，靠社会舆论来监督。道德对人的约束与法律相比是柔性的，它的实施和推行依靠的是人的内在道德自律和个体的精神自觉。集体形成的良好社会道德风尚对个体的行为指导力度是很大的。因此，培养良好的规则意识对一个人的发展十分重要。

（一）培养大学生规则意识的意义

"没有规矩，不成方圆。"规则是社会运行的基石，是社会有序运转、人与人和谐共处的基本条件，也是现代社会良性发展的基本元素。规则无处不在，任何社会个体与外界的交流都离不开规则的约束，不同的社会角色须遵守不同的规则。规则是任何活动有效进行的必要前提和基本保障。

规则意识是衡量个人素质的重要方面，也是素质教育的重要组成部分。随着时代的发展，社会对人才的要求在不断提高且日趋多元化，但无论人才的标准怎么变化，规则意识都是最基本的要求。大学生所面对的未来社会是极其讲究规则的社会。从长远来看，在遵守规则的基础上，大学生才能更好地适应社会。因此，大学生的规则意识及执行规则的能力是更好地适应社会的基础，也是大学生学习、生活的基础与保证，有利于大学生顺利地成长为社会人。

坚定的政治信念和高尚的道德情操教育必须建立在大学生最基本的社会规则意识的基础之上，否则学校的德育将会本末倒置。由此看出，在实施素质教育的过程中，学校德育改革应将规则意识作为基本价值理念灌输给学生，以规则意识的养成作为德育的基本目标。规则意识是社会发展对人才的迫切要求，是循序渐进地培养大学生优良道德品质的客观基础，也是促进学校乃至整个社会良性运行、和谐发展的现实需要。

（二）体育课程培养规则意识的方式

在现代社会，大学生的社会适应能力越来越受到教育者的关注。社会适应能力可以通过多种手段获得，体育课程学习是其中较为重要的途径之一。社会适应能力涵盖的内容非常广泛，包括建立和谐的人际关系、学会尊重与关心他人、理解不同角色的任务、识别体育中的道德行为、关心社会的体育与健康问题等。任何体育项目的顺利开展都是建立在参与者遵守比赛规则的前提下。体育对大学生规则意识的培养有着得天独厚的优势。

规则意识是不可能自然形成的，要依靠后天的教育与培养，而学校教育是诸多教育途径中重要的一环。体育的特性决定了与体育运动有关的活动均与规则有关，加上体育课程在教学内容和教学目标上接近规则意识教育的要求，体育课程便成了规则意识教育的重要渠道。在体育教学中，大学生通过严格遵守各项运动规则，将形成的规则意识逐渐迁移到日常生活和学习中，从而养成遵守规章制度、法律法规的良好习惯。个人在大学时代具备了遵守规则的强烈意识，将会对其终身形成遵守规则的意识和行为起到促进作用。

体育课程中的规则教育主要体现在以下两个方面。

1. 体育课堂中的各项规章制度和各种约定俗成的规范教育

针对培养大学生良好的思想作风，向大学生进行文明礼仪教育、组织纪律教育和安全教育，课堂常规是一条十分重要的渠道。通过课堂常规（如严格考勤、考核制度）的贯彻落实，大学生可以逐步形成遵守规章制度和热爱集体等良好的思想及道德品质。体育课堂蕴含着规则教育的因素，课堂常规对教学效果和思想品德教育的影响都是不可忽视的。

2. 各项体育比赛规则和体育游戏规则

任何一个运动项目都有详细的规则。从一个简单的游戏、非正规比赛、半正规比赛到正规比赛、职业化比赛，都有不同的规则，而且体育运动对遵守规则的要求是很严格的。制定运动规则是开展体育运动的前提。大学生需要掌握规则、遵守规则，才能进行正常的体育竞赛活动，才能更好地感受体育运动的魅力，享受体育运动带来的乐趣。正如篮球发明者詹姆斯·奈史密斯博士所说："没有规则，篮球竞赛是不可思议的。"任何一项体育运动无时无刻不在与规则打交道。

体育活动都是在一定的规则和裁判人员的监督下有组织地进行的。这个过程具有严肃性、制约性、公正性、权威性，要求参加者必须严格遵守与服从，且人人平等。通过运动规则的约束，能培养大学生诚实守纪、热爱集体、共同协作等优秀品质，能潜移默化地使大学生树立良好的规则意识。

第三节　体育在健全学生人格方面的作用

学校体育教育作为学校教育的重要组成部分，承担着培养优秀社会人才的积极作用。大学生作为学校的主体，其正确的人生观、价值观一直是人们所关心和关注的。越来越多的事实表明，大学生的人格培养，对其今后的发展具有重要作用。健全的人格不仅表现在个人对社会接纳的开放姿态、人际交往当中的和谐融洽以及正确对待人生目标的积极态度，而且表现在个人在面对困难、挫折和挑战时，能保持积极进取、乐观向上的良好心态。

一、人格的概念和特点

人格，指人的性格、气质、能力等特征的总和。人格是人类独有的、由先天获得的遗传因素与后天环境相互作用而形成的，能反映人的个性特点，如性格、品德、品质，以及由此形成的魅力等。人格具有独特性、稳定性与可塑性、统合性和功能性。

（一）独特性

一个人的人格是在遗传、环境、教育等因素的交互作用下形成的。不同的遗传因素、生活及教育环境，使人们形成了独特的心理特点。所谓"人心不同，各有其面"，说的就是人格的独特性。人格的独特性并不意味着人与人之间毫无相同之处。在人格的形成与发展中，既有生物因素的制约，也有社会因素的作用。人格作为一个人的整体特质，既包括每个人与其他人不同的心理特点，也包括人与人之间在心理、面貌上相同的方面，如每个民族、阶级和团体的人都有其共同的心理特点。人格是共同性与差别性的统一，是生物性与社会性的统一。

（二）稳定性与可塑性

人格具有稳定性。个体在行为中偶然表现出来的心理倾向和心理特征并不能表现他的人格。俗话说："江山易改，禀性难移。"这里的"禀性"就是指人格。当然，强调人格的稳定性并不意味着它在人的一生中是一成不变的。随着生理的成熟和环境的变化，人格也有可能产生或多或少的变化，这是人格可塑性的一面。正因为人格具有可塑性，才能培养和发展人格。人格是稳定性与可塑性的统一。

（三）统合性

人格是由多种成分构成的一个有机整体，具有内在统一的一致性，受自我意识的调控。人格统合性是心理健康的重要指标。当一个人的人格结构在各方面彼此和谐统一时，其人格就是健康的；否则，就可能出现适应困难，甚至出现人格分裂现象。

（四）功能性

人格决定一个人的生活方式，甚至决定一个人的命运，是影响人生方向的重要因素之一。当面对挫折与失败时，坚强者能发奋拼搏，懦弱者会一蹶不振，这就是人格功能性的表现。

二、体育对大学生健全人格的促进作用 ■■■■■■■■

健全人格因个体差异，其表现也各不相同。它是一个多层次、相互辅助形成的结构，各个要素通过社会的需求和自身的努力，激发内在潜能，促使个体不断完善，适应社会发展。体育作为人类实践的产物，对健全人格的塑造有着独特的作用。体育锻炼不仅能促进个体身体机能的发展，丰富个体精神层面的需求，还能够促进个体"心理人格"的平衡、协调，"法律人格"的平等、公正，"道德人格"的友爱、高尚，从而实现个体全面发展、身心健康的最终目标。

三、学校体育对塑造大学生健全人格的作用

蔡元培是中国近现代著名的教育家，他提倡教育独立，尊重学术自由，并提出了"五育并举"（军国民教育、实利主义教育、公民道德教育、世界观教育和美感教育）的教育方针，对我国教育产生了重大影响。他认为，完全人格，首在体育。人格健全者，应身心协调，追求个性，注重德育、智育、体育、美育与世界观教育全面和谐发展。体育作为全面教育的基石，可将各项教育相互联系起来，形成和谐统一的整体。

（一）促进道德规范的形成，增强法规意识

体育比赛讲究的是"公开、公平、公正"的竞赛原则。任何人参加比赛都必须遵守规则，营造有组织、有纪律的公平竞争环境。大学生通过参与各项体育运动，接触和了解到体育比赛的规则和程序，在体育运动过程中逐渐接受和认同行为准则，并且在日常的学习和生活中约束自己，形成固有的法规意识，进而养成遵守社会规范的行为习惯。大学生在参加体育赛事的过程中，"遵守规则、尊重裁判、尊重对手"的意识应贯穿比赛的全过程。道德规范潜移默化地成为大学生内心的准则和更高标准的道德品行与思想，从而促进大学生健全人格的形成。

（二）促进智力发展，提升抗压能力

古罗马人有一句格言：健全的精神寓于健全的身体。这句话从生理和心理两个方面阐述了"健全"的含义。经常参加体育锻炼可改善身体机能，提升大脑工作效率；另外，体育锻炼也可使长时间工作的大脑得到休息和放松。当大脑疲乏劳累时，适当进行身体活动，可使过于紧张兴奋的脑细胞放松，从而调动另一部分皮质细胞处于适度的兴奋状态，此时想象力、创作力、灵感思维会受到刺激激励，智力发展也能提升到一个新的高度。

体育运动还可以增强大脑神经系统的稳定性，提高人们的应变能力和灵活性。在赛场中，运动员斗智斗勇、变换策略、分析战术等，都与智力息息相关。可以说，没有一项体育运动不需要智力，而智力发展则更离不开体育运动。因此，脑力与体力相结合、劳逸结合才符合健全思维和机体活动的规律。

体育运动比赛是以追求比赛的胜利为目的的。不管多成功、多伟大的运动员，都必须学会面对失败、战胜失败，不断挑战自我。大学生参与体育比赛，体验胜利的美妙，品尝输掉比赛的滋味，也是一笔能促使其自身不断强大的财富。

（三）培养审美能力

"美"从古至今就是健康人格必不可少的特性之一。美育无时无刻不存在于大学生身边，与大学生息息相关。体育之美将运动健儿的优雅、勇敢、顽强、灵巧等纳入美学范畴。体育运动可带给人们健康之美。经常参加体育锻炼的人，男性体格健壮，女性体态优美。赛场上运动员精湛的运动技能、灵活多变的战术配合、绚丽曼妙的身姿舞步，都给观众展现了健康向上的美。通过体育运动，大学生不仅可以学会欣赏美、观赏美，陶冶自身情操，展示自身精神风貌，还

可以充分享受自然风光，可领略高山悬崖的陡峭、感受辽阔大地的魅力。

（四）形成正确的价值观、世界观

价值观是一个人对事物是非好坏、善恶美丑的直接评判，是人生观、道德观、世界观的核心基础。正确引导大学生形成健康向上、科学发展的社会主义核心价值观是健全人格的必备条件。体育运动所特有的实践性、直观性、竞技性和参与性，都为个体健全价值观、世界观提供了适宜的发展环境。通过参加体育锻炼，大学生可感悟"友谊第一，比赛第二"的运动精神，理解"公平、公正、公开"的竞赛原则的重要性，了解"更快、更高、更强——更团结"的奥林匹克格言。体育在建构大学生富强、民主、文明、和谐、自由、平等、公正、法治、爱国、敬业、诚信、友善的完整价值观体系中发挥着重要作用。

体育能够引导大学生健全人格，感悟人生。在体育课程实践中，大学生能够认识自我、了解自我、超越自我，为个人的健康成长打下基础。学校教育要发挥体育课程的学科特点，建立科学的教育体系，将健康融于学科知识，将知识付诸体育锻炼，利用体育学科的优势条件，培养人格健全的大学生。

第四节　体育锤炼学生的意志品质

意志是人自觉地确定目的，并根据目的调节支配自身的行动，克服困难，实现预定目标的心理过程，是人的意识对一定客体的一种能动关系的反映。在中国的传统文化中，坚毅、坚强、恒心就是意志力的代名词。意志品质是指一个人在实践中所形成的比较稳定的意志特质，是衡量人的意志的标准。体育比赛多是向对手进行挑战，但更多的是对自己的磨砺，特别是高水平体育比赛或参与者实力接近的体育比赛，最终起决定因素的是意志品质。

一、培养学生意志品质的重要性 ■■■■■■■■

（一）良好的意志品质是学生的基本素质之一

《中共中央国务院关于深化教育改革全面推进素质教育的决定》从不同的角度对大学生的意志品质提出了要求：从加强大学生心理健康教育的角度，提出要"针对新形势下青少年成长的特点，加强学生的心理健康教育，培养学生坚韧不拔的意志、艰苦奋斗的精神，增强青少年适应社会生活的能力"；从加强学校体育工作的角度，提出要重视培养学生的"坚强毅力"；从教育与生产劳动相结合的角度，再一次强调要重视对青少年"艰苦奋斗的精神"的培养。良好的意志品质并非与生俱有，而是在后天的社会实践与教育中逐步培养起来的。它是学生的基本素质之一，对大学生成才有着不可低估的作用。苏轼曾说："古之立大事者，不惟有超世之才，亦必有坚忍不拔之志。"

（二）良好的意志品质是适应现代社会发展的需要

在竞争日趋激烈的今天，社会对人才的素质要求也越来越高，具有吃苦耐劳、坚韧不拔的意志品质是个人在激烈的竞争中取得成功的重要因素。坚强的意志是大学生将来事业成功的保证。事实证明，但凡有贡献、有成就的人，都是意志坚强的人。一些学生怕苦怕累，意志薄弱，自觉性、坚韧性和自制力差，对千变万化的社会认识不充分，对事物的发展估计不足。有些学生心理素质较差，处理问题不够沉着，缺少克服困难的勇气，遭受一点挫折就悲观失望、丧失信心。在当前素质教育背景下，为了学生在今后的人生道路上能够更好地实现人生价值，学习教育应当高度重视对学生意志力的培养。

（三）古今中外名人对培养意志品质的重视

孟子曾说，"苦其心志，劳其筋骨"，方能成大器。马卡连柯说过："意志、勇敢和目的性的培养问题，是具有头等意义的问题之一。"意志力坚强的人，可以在艰难困苦的环境中奋发图强，干出一番事业来；意志力薄弱的人，往往碰到困难就畏缩不前，最后一事无成。爱迪生说过："生活中的很多失败是因为人们没有意识到，当他们放弃努力时距离成功是多么近。"意志力是攀登科学高峰的梯子。马克思曾说："在科学上没有平坦的大道，只有不畏劳苦沿着陡峭山路攀登的人，才有希望达到光辉的顶点。"意志的力量是巨大的，意志力是强者制胜的法宝，正可谓"精诚所至，金石为开"。古人云："天行健，君子以自强不息。""为者常成，行者常至。"

二、体育锤炼大学生意志品质的方式 ▰▰▰▰▰▰▰▰

体育课程在培养大学生的意志品质方面具有其他课程不可替代的作用。体育教学具有较强的竞争性、规范性、实践性、集体性、普及性等特点。充分利用体育教学中的困难因素是培养意志品质的良好方式。

（一）体育项目的困难性

体育活动本身所具有的特殊性，使其所表现出来的困难也具有特殊性。困难包括内部困难和外部困难。内部困难是指与实现目的相冲突的来自个体自身的障碍。在体育活动中，内部困难又分为生理方面的困难和心理方面的困难。生理方面的困难有个体先天素质所造成的运动困难，如身高、体重、协调性、灵敏性等对完成某项运动造成的困难，还有剧烈运动所造成的生理困难，如强度大的训练造成呼吸困难、乳酸堆积、耐力下降，使维持现有运动水平存在困难。心理方面的困难源于生理方面的因素和外部困难因素，在这些因素的作用下，学生在心理上易出现微妙的变化，如由于先天不足、能力有限造成缺乏信心、情绪低落等心理障碍。同时在体育活动过程中，学生还面临自我实现的压力、被人认可的压力和竞争取胜的压力等心理压力。若这些问题处理不好，在一定程度上会给学生造成心理障碍。外部心理困难是指来自外界的障碍，又可分为人化障碍和物化障碍。人化障碍是针对自然环境（物化）而言的，它是由人为因素造成的障碍，如同伴的大运动量、大强度，目标达成的速度、远度、高度要求等。物化障碍是指一些自然因素所造成的困难，如高温环境、狂风暴雨、场地条件差等。通常，外部困难是通过内部困难起作用的，生理上的障碍会引发心理上的障碍，二者之间是辩证统一的。主观上不惧艰险，并能勇敢地战胜困难和危险，就是意志坚强的表现。

（二）体育活动中所需的意志努力

1. 克服生理非常态的意志努力

非常态是相对于平时正常的生理状态（常态）而言的，指个体的心率、血压、肺通气量、肌肉的紧张度等指标都超过了正常值。这时要完成一定的运动任务，就必须付出更多的努力，特别是在极限强度下出现疲劳、肌肉酸痛甚至伤病时，就必须依靠意志努力克服机体的惰性和抑制现象来维持运动状态，如人们参加田径项目、各种球类竞赛、户外运动时往往就处于这种状态。

2. 克服心理紧张的意志努力

人们在体育运动中，在许多情况下都会出现心理紧张。例如，对手给自己的压力所造成的心理紧张，大运动量、大强度的训练任务所造成的心理紧张，高目标、高要求所造成的心理紧张，等等。

3. 克服恐惧感的意志努力

体育教学中有许多项目存在一定的危险性，如体操中的单杠、双杠、鞍马、跳马等，水上项目中的游泳、跳水等，冰雪项目中的滑冰、滑雪等，同场对抗项目中的足球、篮球、散打等。这些项目所固有的危险性容易使学生产生胆怯、恐慌、困惑等消极情绪，要克服这些不良情绪需要一定的意志努力。

4. 遵守纪律、规则的意志努力

俗话说"没有规矩，不成方圆"。体育中的"规矩"就是指教学中的纪律、比赛中的规则。纪律是体育教学的有力保证，规则是比赛的有力保障。每一位学生在学习、比赛时，必须约束自己的言行，而约束的过程本身就需要意志努力的参与。

第三章　科学健康观

第一节　健康的科学内涵

一、健康的定义

1948年，世界卫生组织（WHO）对健康下的定义如下：健康不仅为疾病或羸弱之消除，而系体格、精神与社会之完全健康状态。1978年，世界卫生组织颁布的《阿拉木图宣言》中提出："大会兹坚定重申健康不仅是疾病与体虚的匿迹，而是身心健康社会幸福的总体状态，是基本人权，达到尽可能高的健康水平是世界范围的一项最重要的社会性目标……"从这一点可以看出，健康是人发展的基本目标。1989年，世界卫生组织对健康提出了新的定义，明确地将道德健康列为健康的基本构成要素，即个人在身体健康、心理健康、社会适应良好和道德健康四个方面皆健全才算健康。

二、健康的标准

世界卫生组织提出十条健康标准：① 精力充沛，能从容不迫地应对日常生活和工作；② 处世乐观，态度积极，乐于承担责任，不挑剔；③ 善于休息，睡眠良好；④ 应变能力强，能适应各种环境的变化；⑤ 对一般感冒和传染病有抵抗力；⑥ 体重适当，体态匀称，站立时头、肩、臂位置协调；⑦ 眼睛明亮，反应敏捷，眼睑不发炎；⑧ 牙齿清洁，无缺损，无疼痛，牙龈颜色正常，无出血；⑨ 头发光洁，无头屑；⑩ 肌肉、皮肤富有弹性，走路轻快。

健康，还可用"五快"和"三良好"来衡量。"五快"：吃得快，即进餐时有良好的食欲，不挑剔食物，并能很快吃完一顿饭；便得快，即一旦有了便意，能很快地排泄完大小便，而且感觉良好；睡得快，即有了睡意，上床后能很快入睡，且睡得好，醒后头脑清醒，精神饱满；说得快，即思维敏捷，口齿伶俐；走得快，即行走自如，步履轻盈。"三良好"：良好的个性人格，即情绪稳定，性格温和，意志坚强，感情丰富，胸怀坦荡，豁达乐观；良好的处世能力，即观察问题客观现实，具有较好的自控能力，能适应复杂的社会环境；良好的人际关系，即助人为乐，与人为善，与人交往充满热情。

三、健康的重要性 ■■■■■■■■■

健康长久以来作为人类共同追求的目标，是生产力、经济和社会发展的前提，是人类发展的重要条件。每个人都希望拥有健康，健康是拥有完美人生的前提。

"长江一去无回浪，人老何曾再少年。"人生没有回程票，生命只有一次。生命的宝贵更凸显了健康的重要，健康也是保证生活质量和实现人生价值的基本前提。

四、影响健康的因素 ■■■■■■■■■

影响人类健康的因素非常多，这与人类对健康的认识程度密切相关。世界卫生组织在提出新的健康概念后，人们对于影响疾病因素的关注发展为对影响健康因素的关注。目前，学者们已逐渐依据健康的决定因素来分析健康问题。健康的决定因素是指决定人体和人群健康状态的因素，可归纳为四个方面：生物学、生活方式、环境和卫生服务。

（一）生物学

1. 遗　传

遗传是先天性因素。种族差别、父母的健康状况、生存环境等因素都会对下一代的健康产生较大的影响。已知的人类遗传性疾病有几千种。另外，高血压、糖尿病、肿瘤等疾病的发生与遗传因素有一定的关系。

2. 病原微生物

20世纪中期之前，威胁人类健康的主要因素是病原微生物引起的感染性疾病。随着社会经济的高速发展，人类的劳动方式和生活方式发生了巨大改变，劳动和生活方式因素逐渐取代生物学因素，成为影响健康的主要因素。

3. 个人的生物学特征

个人的生物学特征包括年龄、性别、身体形态、健康状况等。生物学特征依不同的危险因素对健康产生不同的影响。

（二）生活方式

生活方式是一种特定的行为模式。这种行为模式受个性特征、社会关系等制约，是在一定的社会经济条件、环境等多种因素的相互作用下形成的，建立在文化传承、社会关系、个性特征、遗传等综合因素的基础之上。稳定的生活方式包括固定的饮食习惯、社会生活习惯等。由于受到一些不良的社会和文化因素影响，许多人养成了不良的生活习惯和生活方式，导致慢性非传染性疾病发病率迅速提高。

（三）环 境

健康不仅指个人身体和精神的健康，更强调人体与自然环境和社会环境的统一。健康的环境与人类发展不可分割。人类发展必须在生活质量提高的同时，保证环境的可持续发展，这是探索健康生态学的基础。因此，人类必须重视目前或今后将要面临的环境问题。

1. 自然环境

自然环境指各种天然的和经过人工改造的自然因素的总体，包括大气、水、土地、矿藏、森林、野生动物，以及各种自然和人工区域、自然和人文遗迹等。这些因素组成人类的生活环境，影响着人类的生存和发展。自然界中直接影响生态和系统的平衡与发展，与人类生活环境密切相关的环境因素称为生态环境。一方面，人类的生存与繁衍依赖于环境；另一方面，当环境作用于人类、服务于人类时，又直接或间接地受人类活动的影响。符合自然和社会发展规律的人类活动能够改善环境，违反自然和社会发展规律的人类活动则会使环境恶化。

2. 社会环境

社会环境包括社会制度、法律法规、经济、文化教育、民族、职业等。社会制度确定了与健康相关的政策与资源保障；法律法规确定了对人类健康权利的维护；经济决定着与健康密切相关的衣食住行；文化教育决定着人的健康观，以及与健康相关的风俗、道德习惯；民族影响着人们的饮食结构和生活方式；职业决定着人们的劳动强度、劳动方式；等等。

（四）卫生服务

随着社会经济的发展和人们生活水平的提高，卫生服务的任务不仅是治病救人，还要维护和促进群体的健康。在现代社会，医疗保健被列入社会保障的范畴，卫生事业的发展是社会发展的重要方面。

医疗卫生服务通过预防、保健、治疗、康复、健康教育等措施降低群体的发病率和死亡率，通过生理、心理及社会的全方位保健措施促进和保障群体健康，提高生命质量。

第二节　大学生的身心特点

大学生的年龄基本在18～22岁，这是一个人生长发育、走向成熟的关键时期。大学生的身体形态、生理机能、身体素质和心理素质都遵循着一定的规律而不断发展变化，并具有明显的年龄阶段性特点。

一、生理特点

（一）运动系统

运动系统由骨骼、关节、肌肉三个部分组成。青少年骨骼柔软且可塑性较强，应注意保持正确的身体姿势和身体的全面发展，避免一侧肢体或局部用力过多，造成肢体特别是脊柱出现病理性弯曲。随着年龄的增长，骨骼坚固性增强，韧性降低，骺软骨逐渐骨化，到大学高年级时，人体的骨化基本完成，身高不再增加。同时，运动负荷应适宜身体能力，防止负荷过大造成骨化提前，影响身高。

处于大学阶段的青少年，其关节软骨较厚，关节囊、韧带伸展性大，关节周围的肌肉细长，关节活动范围大，但牢固性较差，在外力的作用下易脱位。因此，大学生要提高柔韧素质，重视增强关节的坚固性，以防关节脱位。

随着年龄的增长，肌肉中水分明显减少，有机物增多，肌纤维增粗，横向发展较快，肌肉量不断增加，肌力增强。大学生可以进行较多的力量练习，以促进肌肉继续发展。

（二）循环系统和呼吸系统

大学生心脏的结构和机能正逐步完善，心脏的质量已达到成人水平，心率减慢，心脏收缩压增加，每搏输出量增多。肺的机能也逐步增强，肺活量已接近成人水平，但是最大摄氧量和负氧债能力较成人低，且女生比男生低。此时期学生的体育锻炼可适当增加静力性练习和耐力练习，以有效地增强心肺功能。

（三）神经系统

人类神经系统的发育较其他系统要早，其功能在少年期已趋于完善，但大脑皮质中兴奋和抑制两个过程不够均衡，兴奋过程相对占优势。到大学阶段，第二信号系统得到发展，抽象思维能力不断提高。

根据上述特点，大学生在运动实践中应注意多样化，避免单调的训练内容，多安排些竞争性的游戏和小型比赛，以提高兴趣。在活动安排上，应适当提高密度，相应缩短时间，可增加些技术分析，以培养思维能力。

（四）身体素质

在生长发育过程中，身体素质的发展存在着不均衡的现象。到大学阶段，男生的腰腹力量会首先发展，其次是下肢爆发力，臂肌静力性力量及耐力增长较慢。女生腰腹力量的增长比其他力量的发展要慢。

二、心理特点 ■■■■■■■■

（一）智力水平迅速提高

大学生的智力发展日趋成熟，其观察力、记忆力、想象力和思维能力迅速接近并达到成人水平。大学生的感知能力变得富有目的性、系统性、深刻性和全面性；记忆力的发展开始进入鼎盛时期，意义记忆快速发展并居于主要地位；想象的目的性、有意性发展突出，能够围绕现实问题进行思考；思维方式显著变化，辩证逻辑思维占优势，能对某些事物和现象进行抽象性和批判性思考；思维的独立性和批判性明显增强，喜欢独立地提出问题并寻找解决问题的办法，对事物开始有自己的独立见解，开始用怀疑和批判的眼光看待周围的事物，喜欢争议、辩驳和提出一些新奇的想法。

虽然这一时期大学生的智力水平提高较快，但因个人阅历尚浅，知识经验不足，辨别能力尚不够强，思维的独立性和批判性不够完善，故其认知容易产生一定的片面性和表面性，处事缺乏深思熟虑，过分自信，固执己见，易走极端。

（二）情感丰富且强烈

大学生的生活和学习活动范围日益扩大，处在体力和精力的旺盛时期。因此，他们的情感丰富多彩，强烈而又瞬息万变，其情感的体验以外向、活泼、充满激情为主要特征。大学生的爱国主义、集体主义、责任感、义务感、友谊感、荣誉感等情感均有较快的发展，对美的体验表现得更为复杂深刻，爱憎分明；情绪的两极化比较突出，极易出现高度的兴奋、激动、热情，或是极端的愤怒、泄气、绝望；既有活泼、愉快、奋发向上等积极倾向，又有低沉、悲观、颓废等消极倾向。

大学生与社会生活的接触日益增多，各种社会行为规范使大学生逐渐具有了调节和控制自己情绪的能力，因此他们的情感又往往表现出内隐性和闭锁性。他们或将自己的真实情感隐藏起来，表露出一种与内心体验并非一致的情绪状态，或有选择地将情绪外露给不同的对象，这给了解他们的真实思想带来了一定的困难。

（三）自我意识不断增强

自我意识是指人对于自身的认识。大学生的自我意识的特点：① 自我认识和评价水平大为提高，表现为自我认识的自觉性和主动性较强，能根据周围人对自己的各种态度来评价、认识自己，也能通过将自己与别人进行对比来评价自己，自我评价的客观性有所提高；② 自我控制的愿望非常强烈，自我控制的水平明显提高，有了明显的自觉性和主动性，并逐渐以社会标准、社会期望、社会条件为准则；③ 自尊心十分突出，表现为面对真诚的赞扬和尊重，他们感到喜悦，面对批评他们感到内疚和羞愧，面对嘲笑他们难以忍受；④ 独立意向十分强烈，要求自主和独立，要求摆脱对成人的依赖，当这种意向因某些原因受阻时，他们会产生不满、对立情绪或反抗行为；⑤ 自信心、好胜心增强，在接受新任务时表现为跃跃欲试、不甘于人后。

第三节　影响大学生身心健康的因素

一、影响大学生身心健康的主观因素

主观因素是影响大学生健康的内在因素，主要包括大学生的认知态度、自我意识、性格特点、自控能力和自理能力。这些因素的不同会使人对同一事物采取不同的态度，从而对心理健康产生不同的影响。

（一）认知态度

人的心理健康受情绪影响，而情绪受人的认知态度支配。不同的学生，由于家庭出身和教养不同，所受的学校教育及生活经历不同，形成了不同的认知态度与价值观，对同一事物会产生不同的情感体验，从而对心理健康产生不同的影响。例如，经过高考进入大学后，部分学生对自己所被录取的专业不满意。有些学生经过一段时间的学习，逐步转变了认知，接受了所学专业，而有的学生因被录取的专业与其原来理想的专业存在较大差异，产生了激烈的内心冲突，痛苦万分。

（二）自我意识

外界事物和生活事件对心理健康的影响，都要通过个人自我意识进行调节。当人们对自我的能力有充分的估计，对自我有信心时，便会冷静、沉着地面对现实，凭借自己的能力去战胜困难和挫折，夺取胜利。如果个人对自我失去信心，就无力面对现实的挑战。许多事实表明，有些学生无力应对学习上的困难和生活上的打击，并非由于智力或能力低下，而是由于自卑，对自我丧失了信心。

（三）性格特点

性格与人的身心健康有着密切的关系。从某种意义上说，性格决定着健康。例如，性格内向、消沉、多虑的人容易患溃疡、神经官能症、癌症等疾病；喜怒无常、忧郁的人易罹患精神疾病；性格开朗、乐观的人不易患精神疾病，即使患病，康复也较快。

（四）自控能力和自理能力

由于大学生活较为自由，学生的自控能力和自理能力决定了学生的学习习惯及生活习惯。大学生要有足够的自控能力去抵制吸毒、赌博等不良习气，有足够的自理能力处理好休息、学习、娱乐、健身之间的关系，做到劳逸结合、适当运动、节制上网、按时作息。

二、影响大学生身心健康的客观因素

客观因素是影响大学生身心健康的外部环境因素。不同于小学、中学的封闭环境和单纯的人际交往，大学生处在一个与现实社会相互联系和相互作用的环境之中。环境的变化必然带来个人生理和心理的变化。

（一）社会因素

在市场经济大潮的冲击下，许多人的行为方式和思维方式发生了变化。时代的变迁把各种复杂的矛盾呈现在人们面前，如职业选择的矛盾、理想与现实之间的矛盾、竞争意识与平均分配之间的矛盾、合理需要与现实条件之间的矛盾等。由于缺乏社会生活磨炼，心理承受力较差，面对以上矛盾时大学生会不知所措，极易产生严重的心理失衡现象，甚至导致心理疾患。影响心理健康、造成心理障碍的社会因素比较复杂，主要有早期教育、家庭环境、生活压力、环境变迁、心理冲突、不良人格等。

（二）学校因素

学校的保护性教育和学生自身生活阅历的缺乏，导致一些学生的心理异常脆弱，心理承受力不堪一击。有些学生自制力和自理能力非常差，与高校生活独立自主、公平竞争、优胜劣汰的环境形成了强烈的反差。现实与理想之间的差距使他们感到失落，内心极为焦虑不安。有的学生甚至消极地把自己封闭起来，沉溺于网络虚拟世界，自暴自弃，有的学生更因在竞争中失败而悲观失望。

（三）人际交往因素

大学期间的人际交往包括学生与老师和同学的关系、与朋友和伙伴的相处等。由于大学提倡"自由"和"自理"，大学时期的人际关系要比中学时的复杂多变。正确处理好与他人的关系，将自己融入学校自由、活泼、积极、上进的氛围之中，不将自己孤立于集体之外，是保证身心健康的重要因素。

目前，高校一般对恋爱持中立态度，恋爱成为大学中人际交往的一个重要部分，不少大学生都将恋爱称为大学的"必修课程"。部分大学生尚未建立起对情感的理性认识，没有处理情感问题的经验，遇到挫折又不能及时调整自己的心态，因此恋爱成为影响大学生心理健康的重要方面之一。

第四节　大学生健康生活方式的养成

健康的生活方式有利于机体各种生理机能的发挥，有利于身体健康，也有利于提高学习和工作效率。大学生的生活要有一定的规律，就一天来说，起床、吃饭、学习、运动、休息都要合理地安排好，按规定的时间作息。养成良好的生活方式，对大学生来说十分重要。

一、养成良好的睡眠习惯

充足且良好的睡眠是保证健康的先决条件之一。睡眠不足会使人烦躁、易怒、食欲减退、体重减轻。此外，在睡眠过程中，内分泌系统释放的生长激素要比平时旺盛。这些生长激素可以作用于全身的组织细胞，促进机体生长发育，对骨骼生长的促进作用尤其明显。处于发育阶段的个体如果睡眠不足，会导致生长发育缓慢。

二、养成良好的体育锻炼习惯

对于体育锻炼的重要意义，每个大学生都应有一定的认识。有的大学生认为自己年轻，身体很好，现阶段最重要的是抓紧时间学习，将来再锻炼身体也可以。其实，大学期间养成每日锻炼的习惯会使人一生受益无穷。实践证明，如果每天从8小时的学习中抽出1小时进行体育锻炼，其学习效率要明显高于8小时都在学习的效率。科学研究也证明，体育锻炼对智力发展有非常重要的作用，主要表现为，有助于大脑两个半球的全面发展，消除大脑疲劳，提高大脑的工作效率、反应速度和综合分析能力，促进大脑的生长发育等。美国哈佛大学医学院的约翰·瑞迪教授认为，运动是天然的健脑丸，可提高专注力和记忆力。

三、养成良好的卫生习惯 ■■■■■■■■■

学校是大学生生活、学习的重要场所，学校的环境卫生直接关系到大学生的身心发展和身体健康。每个大学生都要养成良好、文明的卫生习惯，保持校园、教室、宿舍的卫生。为此，大学生应该做到以下几方面。

（1）勤洗手，尤其是进食前后、便后要洗手。洗手时，要用洗手液或香皂，用手搓出泡沫，双手互擦手心、手背、指甲内外和四周、指尖、虎口位置，最少揉搓10秒。每日用冷水洗脸，用温热水洗脚。

（2）经常洗澡。根据季节、活动量合理决定洗澡频率。马约翰教授发明了"五分钟洗澡法"：先用温水冲1分钟，擦香皂（或沐浴液）搓洗1分钟，再用温水冲1分钟，冷水冲1分钟，最后用干毛巾搓擦皮肤1～2分钟，使皮肤表皮发红就可以了。

（3）勤换洗衣被，勤晾晒。个人着装应始终保持整洁，尤其是内衣、袜子，应每天换洗。

（4）不染发，不留长指甲。

（5）个人生活用品（如脸盆、脚盆、毛巾、牙刷等）专用，不与他人共用、混用，以避免疾病传播。个人用品使用后应及时洗净、晾干，并放置在干净、无尘、无污染的环境之中。

（6）养成每日大便的习惯。便后及睡前清洗阴部及肛门，对预防便秘及肛门、生殖器官疾病大有益处。

（7）每天起床后，要喝一杯温水，可加一勺蜂蜜。

（8）注意公共卫生，做到不随地吐痰，不乱扔废纸、果皮，不随地大小便，不在公共场所喧闹，不面对人打喷嚏、咳嗽、挖鼻、掏耳等。

（9）生活规律，严格遵守学校作息时间，合理安排学习、工作、业余活动的时间。睡眠充足，每天保证8小时睡眠时间。

（10）主动学习卫生知识，不断提高自我保健能力。

（11）积极、主动、按时接种有关疾病的疫苗，以有效预防疾病。

第四章　体育运动中的科学原理

第一节　体育运动中的生理学原理

一、人体的基本形态结构 ■■■■■■■

人体的形态，从外形看，可分为头、颈、躯干、四肢等主要部分；从人体内部看，主要包括肌肉、骨骼，以及心、肝、肺、肠、胃等器官。如果用显微镜来观察会发现，人体任何组织、器官都是由基本相同的结构单位组成的，即细胞。细胞是组成人体结构的基本单位，其在人体内不是无序地堆积，而是按照一定的规律组成组织的。几种组织相互结合，组成具有一定形态和功能的结构称为器官。共同完成一种或几种生理功能的多个器官按照一定的次序组合在一起构成系统；由功能不同的系统统一组成人体。神经系统统一控制、调节人体的各种功能。

由此可以看出，人体的组成结构如下：细胞和细胞间质—组织—器官—系统—人体。

二、人体运动与肌肉功能 ■■■■■■■

（一）肌肉的概述

人体有 600 多块骨骼肌，通过肌肉的收缩和舒张，人体得以进行多种运动和维持各种优美的姿势。

肌肉接受神经冲动后，会产生收缩从而引起身体的运动。骨骼肌收缩时，会牵引它所附着的骨骼产生运动，肌肉只能"拉"而不能"推"。对每一块引起运动的肌肉来说，总有另一块肌肉产生相反的动作。举一个简单的例子，一块肌肉能使人们的腿弯曲，同时还会有另一块肌肉将腿拉直，前者被称为主动肌，后者被称为拮抗肌。

（二）肌肉的收缩形式

肌肉收缩时会产生长度和张力的变化。根据肌肉收缩时长度和张力变化的特点，可把肌肉收缩分为等长收缩和等张收缩两种。等张收缩根据运动形式又可分为向心收缩、离心收缩和等动收缩。

（1）等长收缩：当肌肉收缩产生的张力等于外力时，肌肉积极收缩，但长度不变，这种收缩形式称为等长收缩，如站立、悬垂和支撑。

（2）向心收缩：指肌肉收缩时长度缩短的收缩，其特点是肌肉收缩使肌肉的长度缩短，起止点相互靠近，引起身体的运动，如哑铃屈肘。

（3）离心收缩：当肌肉收缩产生的张力小于外力时，肌肉积极收缩被拉长，收缩时肌肉的起止点逐渐远离，这种收缩形式称为离心收缩。

体育锻炼中向心收缩和离心收缩通常体现在一个动作中，如哑铃弯曲时，收起是向心收缩，放下是离心收缩。

（4）等动收缩：指在整个关节运动范围内，肌肉以恒定的速度进行的最大用力收缩，如自由泳中手臂的划水动作。在日常锻炼中，等动收缩需要借助专门的器械进行练习，最常见的就是等动拉力器。

三、体育锻炼的能量供应 ■■■■■■■■

（一）物质代谢

碳水化合物、脂肪、蛋白质、水、无机盐、维生素和膳食纤维七大营养物质，是人体生命活动的物质基础。人体活动所需的能量，来自食物在人体内经过化学反应进行的物质代谢供给。人参加体育运动时，肌肉频繁地收缩和舒张，器官的活动增强，能量消耗大大增加。这就是体育锻炼可以促进人体的新陈代谢过程、提高机能水平、增强体质的原理。

碳水化合物是生命活动中能量的主要来源，它在体内除供应能量外，还可以转变成蛋白质和脂肪来储存能量。人在进行体育运动时，体内能量消耗大，肝脏储存的糖原便转化为葡萄糖进入血液，由血液输送到肌肉供运动的需要。经常参加体育运动，体内碳水化合物储备量增加，调节糖代谢能力加强，能使血糖在较长时间内保持稳定，提高身体耐力。

脂肪是人体细胞的组成部分，包括甘油三酯、磷脂和胆固醇三大类，是一种含有大量能量的物质。它在体内氧化所释放出的能量约为同质量的碳水化合物或蛋白质的两倍。脂肪还有保护器官、减少摩擦和保持体温的作用，但脂肪过多对人体是有害的。经常参加体育锻炼，可以防止肥胖，预防因脂肪过多而造成的疾病。

蛋白质是生命的基础，是细胞的主要组成部分，也是能量的来源之一。肌肉收缩、神经系统的活动、血液中氧的携带和参与各种生理机能调节的许多激素都与蛋白质有关。人体内的酶能加速各种化学反应，酶的本质也是蛋白质。参加体育锻炼能提高酶的活性，有利于增加人在运动时体内能量供应和运动后被消耗物质的补充。

水在人体的组成中含量最高。成人体内的含水量约占体重的65%。水不但可以维持人体体温、参加物质代谢、促进物质的电离，还在体内起润滑作用，水也是运输营养物质和代谢废物的工具。锻炼者在运动中和运动后补水，可以保持机体水代谢的平衡。

无机盐也是人体细胞的组成部分。它在维持体液的渗透压、血液的酸碱度、神经和肌肉的应激性方面起着重要的作用。因此，在运动时要注意补充无机盐。

维生素是维持生命和人体正常机能不可缺少的一种营养素。它起着调节物质代谢、保证生理功能的作用。有的维生素直接影响人体的运动能力，因此摄取足量维生素对于维持运动能力十分重要。如果维生素摄入量不足，人体的正常代谢和生理机能会受到影响；如果维生素摄入量过多，会引起机体代谢的紊乱。

膳食纤维是指不被消化、吸收的食物性物质，包括纤维素、半纤维素、果胶等。膳食纤维的主要功能是维护肠道生态平衡、预防心血管疾病、抗癌等。

（二）能量代谢

肌肉活动是人体运动的动力，肌肉收缩时所需能量的直接来源是三磷酸腺苷（ATP）的分解，最终来源是碳水化合物或脂肪的氧化分解。

肌肉活动时，肌肉中的三磷酸腺苷在酶的催化下，迅速分解为二磷酸腺苷（ADP）和无机磷酸，同时释放出能量。肌肉中的三磷酸腺苷的储备量很少，必须边分解边合成才能保证肌肉的持久活动。事实上，三磷酸腺苷一旦被分解，就立即同其他产物再合成三磷酸腺苷。当肌肉中存在二磷酸腺苷时，肌肉中的另一种高能磷酸化合物——磷酸肌酸（CP）立即分解为磷酸和肌酸，放出能量供给二磷酸腺苷再合成为三磷酸腺苷，但肌肉中磷酸、肌酸的含量是有限的，也必须不断地再合成。磷酸、肌酸再合成所需要的能量，均来自碳水化合物的氧化分解。根据当时机体氧供应的情况，碳水化合物的供能有两种形式：当氧供应充足时，能量来自碳水化合物（或脂肪）的有氧氧化；当氧供应不足时，能量来自碳水化合物的无氧酵解，其结果是形成乳酸。乳酸在氧供应充足时，一部分继续氧化，放出能量使其余部分再合成为肝糖原。

运动时，人体以何种方式供能，取决于需氧量与吸氧量的相互关系。当吸氧量能满足需氧量时，机体即以有氧氧化的形式供能。当吸氧量不能满足需氧量时，其不足部分即依靠无氧酵解的形式供能。运动时的需氧量主要取决于运动强度，强度越大，需氧量越大，无氧酵解供能的比例也越大。

有氧氧化与无氧酵解是人体在不同活动水平上根据需氧量的不同情况而进行的紧密相连、不可分割的两种供能方式。人在进行任何一种项目的体育锻炼时，其能量供应总是包含有氧与无氧两种方式，只不过这两种方式的比例不同而已。这种比例上的差异既是不同运动项目的供能特征，也是采用不同锻炼方法的依据之一。

第二节　体育运动中的心理学原理

一、体育锻炼中的运动知觉 ■■■■■■■■■

运动是一切事物存在的基本形式，它必须在一定的空间和时间中进行，离开了空间和时间，运动就无法表现。运动知觉是大脑对当前运动物体或动作在空间、时间上位置的反应。它是一种复杂的知觉。根据所反映对象的不同，运动知觉可分为以下三种。

（一）本体运动知觉

本体运动知觉是运动者对自身各部位运动和位置变化的反应，包括动作知觉，如躯干的弯曲和伸直、四肢的动作、头部的位置等；运动形态知觉，如直线运动、曲线运动、圆周运动等；运动方向知觉，如运动方向的向左、向右、向上、向下、向前、向后等；运动时间和速度知觉，如时间的长短、运动的节奏、运动速度及其变化等；运动用力知觉，如用力的大小、阻力、重力等。

本体运动知觉在体育运动中具有十分重要的意义，是个体能够完成身体运动的前提和基础。例如，做前滚翻需要低头团身。若初学者抬头展体，就不能完成此动作。

（二）客体运动知觉

客体运动知觉指运动者对外界物体的运动知觉，涉及物体的运动方向、距离、形状、大小、速度等因素。客体运动知觉包括运动者对他人的感觉和对外界物体的感觉，前者如对手、伙伴，后者如球、铁饼、标枪等可移动物体。对外界物体的运动知觉能力，是发展相关技术不可缺少的素质。

（三）专门化的运动知觉

专门化的运动知觉也称为专项运动知觉，是通过运动训练形成的高度分化的运动知觉。根据运动者所从事运动项目的不同，专项运动知觉有不同的表现形式，如篮球运动中的"球感"、游泳运动中的"水感"、器械体操运动中的"器械感"等。个体在形成和发展专项运动知觉中所花费的时间有长有短，最终的发展水平也有较大差异。

运动知觉的形成和发展是分阶段的，了解这一特点，有利于人们掌握动作技术。

第一阶段，可以直接感知的技术动作是直观的具体动作，始发信息是视觉信息，而不是语言文字信息。这一阶段学生的学习任务主要是观察教师的示范，尽可能看得仔细、完整。

第二阶段，主要是通过学生的深度模仿和练习来实现的。直接的模仿和练习，输入的信息主要是本体感觉中的运动知觉。运动知觉不像视觉那样明确，不能一次性地感知，必须重复多次才能使运动知觉逐渐明确，这是学习技术动作的关键阶段。

第三阶段，随着时间的推移，运动知觉逐渐明确化，技术动作在时间和空间的关系中变得更加准确。这一阶段是运动知觉从模糊状态逐渐变得明确化的过程，也是运动者逐步掌握运动技术的过程。在这一过程中，教师的讲解、示范和辅导帮助是使运动知觉清晰的重要条件，自身的反复练习是必要条件。

二、体育运动动机

体育运动动机是推动一个人参与体育活动的心理动因或内部动力，它能引起并维持人的体育活动，并将其导向一定的目标。体育运动动机的产生和培养是个体的内在过程，它的作用如下：① 引起和发动个体活动；② 指引个体选择活动的方向；③ 具有调节功能，即维持、加强或制止、减弱某一活动。

（一）体育运动动机的产生

引起体育运动动机的条件有以下两个方面。

（1）内在需要：对人们参与体育活动的内在需要的调查分析显示，这类需要主要包括生理需要、心理需要和社会需要三个方面。所谓生理需要，就是参加体育活动的目的是保持身体健康，增强体质；所谓心理需要，就是参加体育活动是为了调节和控制情绪，保持良好的精神状态；所谓社会需要，就是参加体育活动是为了扩大社交范围，结交更多的朋友，增强集体凝聚力，提高自身竞争能力和社会适应能力。

（2）外部诱因：包括物质因素和精神因素，二者统称为环境因素。环境因素有很多，如体育设施和器材的质量、教师的表扬或批评、同伴之间的情绪感染、比赛成绩、竞赛的奖励（包括精神的、物质的）等。

（二）体育运动动机的培养

培养体育运动动机可从以下几方面入手。

（1）树立正确的体育价值观，这是提高参加体育运动自觉性的思想基础。

（2）设置目标，如设置长跑、游泳的距离或体操动作的次数和质量等。当这种目标转化为练习者的内在需要时，练习者就会采取主动，提高努力程度和动机水平，调动积极性。

（3）积极反馈，在运动过程中，无论是反馈正确的动作信息，还是反馈错误的动作信息，都有利于练习者坚持目标或修正目标，有利于鼓励练习者坚持目标，使已有动机得到强化。在进行反馈时，应注意做到如下几点：及时反馈，即在动作练习中或完成之后立即给予反馈；积极反馈，即反馈的内容应以积极性内容为主；反馈得法，即不同的练习者视自己的能力做出适量的反馈，过量或不合适的反馈信息会使练习者的信心受挫，动机下降。

（4）创设情境，情境具有诱发动机的功能。在有限的时间内，学生在教师设计的情境中进行学习或锻炼，由于情境的不同，效果会有很大的差异。例如，体育活动使人际交往频繁，在练习的过程中练习者能体验到长者的认同、悦纳，以及同伴的友好和关心，进而产生继续练习的意向，提高动机水平。

三、体育兴趣 ■■■■■■■■

（一）体育兴趣的概念

体育兴趣是人们力求认识和从事体育活动的心理倾向，具有积极的情绪色彩，是人们参与体育运动的基本动力。

（二）体育兴趣的培养

体育兴趣是在人们对体育活动需要的基础上，在各种各样的体育活动中形成的，对体育活动的实践起着主导作用。

（1）体验成功。苏联教育学家苏霍姆林斯基说："只有在学习获得成功而产生鼓舞的地方，才会出现学习兴趣。"在进行体育活动的过程中，每一次成功和胜利都会使练习者深受鼓舞，产生积极的情绪体验，使其更热爱体育活动，对更大的成功和胜利产生信心与希望。因此，产生体育兴趣的前提条件是练习者有获得成功、品尝胜利滋味的体验。

（2）寓教于乐。人都有趋乐避苦的倾向，教师在教学中优美的示范动作、生动的语言和和蔼的态度，会使学生感到亲切、可敬，会消除学生练习时的畏难情绪和惧怕心理，教师的"乐教"就会转化为学生的"乐学"。

（3）激发兴趣。学生体育兴趣的培养离不开教师的引导。教师在教学训练中运用各种方法持续激发学生的兴趣是学生形成体育兴趣的重要条件。

第三节　体育运动的能量供给特点

人体运动时的供能系统，依其运动强度和运动持续时间的不同可分为磷酸原（ATP-CP）系统、糖酵解（乳酸）系统和有氧氧化系统。三种能量供应系统的供能特点的对比见表4-3-1。

表4-3-1　三种能量供应系统的供能特点的对比

对比项目	磷酸原系统	糖酵解系统	有氧氧化系统
代谢方式	无氧代谢	无氧代谢	有氧代谢
供能速度	十分迅速	迅速	慢
能量来源	化学能源：磷酸肌酸	食物能源：糖原	食物能源：碳水化合物、脂肪、蛋白质
生成三磷酸腺苷	三磷酸腺苷生成很多	三磷酸腺苷生成很少	有限的三磷酸腺苷生成
与疲劳的关系	没有导致疲劳的副产品	副产品乳酸可导致肌肉疲劳	没有导致疲劳的副产品
能量使用	用于短跑或任何高功率、短时间的活动	用于耐力或长时间的活动	运动强度低，氧供应充足时

以男青年为例，肌肉供给能量的能力见表 4-3-2。

表 4-3-2　男性肌肉供给能量的能力

供氧条件	供氧来源	能量容量（每千克肌肉）	能量产生速度	能量持续时间
无氧	磷酸原系统	0.418 千焦	0.054 千焦/（千克·秒）	100/13 ≈ 7.7 秒
	糖酵解系统	0.961 千焦	0.029 千焦/（千克·秒）	230/7 ≈ 32.9 秒
有氧	有氧氧化系统	氧充分时，418.6 千焦	0.015 千焦/（千克·秒）	1.5～2 小时

一、磷酸原系统及其供能特点

磷酸原系统又称非乳酸能系统。它由肌肉内的三磷酸腺苷和磷酸肌酸这两种高能磷酸化合物构成。三磷酸腺苷与磷酸肌酸同样都是通过分子内高能磷酸键裂解时释放能量，以实现快速供能。

磷酸原系统供能不在其数量的多少，而在于其能量的快速可动用性。在三个供能系统中，其能量输出功率最高。凡是短时间最大强度运动（如短跑、举重、冲刺、投掷等）时所需的能量几乎全部由磷酸原系统供给。任何强度的运动的开始，首先供能的都是磷酸原系统，其特点如下：① 分解供能速度快，重新合成三磷酸腺苷速度最快；② 不需要氧；③ 不产生乳酸；④ 磷酸原供能系统是三个供能系统中输出功率最高者；⑤ 维持供能的时间短。

一名体重 70 千克的人参加运动的肌肉以 20 千克计算，磷酸原供能系统储备的能量，可供轻快走步运动的时间约为 1 分钟；可维持最大强度运动时间为 6～8 秒。30～60 米快速跑全靠磷酸原供能系统保证；60～100 米跑主要靠磷酸原系统供能；200～400 米跑大部分由磷酸原系统供能（也靠乳酸系统提供部分能量）。可见，磷酸原系统在短时间最大强度运动的供能体系中起着重要作用。

二、糖酵解系统及其供能特点

当人体剧烈运动时，骨骼肌能量消耗不仅量大且速度快，有氧供能不足。当磷酸原大量消耗时，糖的无氧酵解便开始参与供能。当肌肉中磷酸原被消耗的量为原储备量 50% 左右时，为了迅速再合成三磷酸腺苷以保证持续运动的能力，骨骼肌中的糖原便大量无氧分解，乳酸开始生成。糖无氧酵解系统是 400 米、800 米、1500 米跑，以及 100 米、200 米游泳的主要供能系统。

糖酵解系统供能的特点：① 糖原酵解供能速度快，比有氧氧化供能及时，故人们称其为应急能源。② 糖原酵解供能不需要氧，是脂肪酸、甘油、氨基酸等供能物质所不及的。③ 糖酵解系统供能的输出功率约为磷酸原系统的 1/2。因此，利用以糖酵解系统供能为主的运动，表现的速度与力量都不如磷酸原系统，但维持供能时间比较长。④ 糖酵解产生的能量有限，但可积少成多。⑤ 糖酵解的代谢产物为乳酸。乳酸在肌细胞中的大量增多，不仅对三磷酸腺苷的合成起抑制作用，还会引起肌细胞代谢性酸中毒，降低肌肉工作能力，易发生疲劳。

三、有氧氧化系统及其供能特点

虽然在糖酵解作用中，能迅速释放能量并且不需要氧，可是在这种情况下再合成三磷酸腺苷的量是相当少的。碳水化合物、脂肪和蛋白质在氧供应充足的条件下，氧化为二氧化碳和水，同时释放大量能量，使二磷酸腺苷再合成三磷酸腺苷。这种有氧氧化供能过程，称为有氧氧化系统。

有氧氧化系统供能的特点：① 体内95%的三磷酸腺苷均来自线粒体内的氧化磷酸化作用，是三磷酸腺苷生成的主要途径，是人体能量消耗的主要供能系统。② 碳水化合物的有氧氧化释放的能量比糖酵解生成的三磷酸腺苷数量多19倍，因此比糖酵解产生的能量多，且比脂肪消耗的能量少，是体内最经济的能量供应系统。③ 有氧供能系统的能量物质来源广阔、种类多、储备量大。④ 有氧氧化过程复杂、供能速度慢，脂肪的氧化供能因耗氧量大，受氧利用率的影响，在运动强度低、氧供应充足的条件下才能被大量利用。因此有氧氧化系统是耐力运动项目的主要供能来源。⑤ 碳水化合物和脂肪在有氧氧化时，其最大输出功率比其他两个系统低。

第四节　运动过程中的氧循环

人体各种活动所需要的能量，都要依靠氧气对能源物质（主要是碳水化合物、脂肪）进行氧化而供给。人体的氧储备甚少，必须不断地从外界环境中摄取，并运送到细胞组织加以利用。

氧的运输是靠呼吸系统和循环系统来完成的。人体的氧运输把氧气和营养物质运输到人体组织，同时把代谢废物等排出体外。

循环系统包括心血管系统和淋巴系统。心血管系统由心脏和血管组成，血液通过复杂的血管网把人体所需的氧气和养料运送到全身各处。血管主要有三种类型：将血液输出心脏的动脉、将血液输到心脏的静脉，以及遍布全身组织并且连接动脉和静脉的毛细血管。

在氧运输过程中，呼吸系统功能的强弱决定着血液和外界环境气体交换数量的多少。循环系统功能的强弱决定着组织、器官获得氧气的多少。在运动中，循环系统决定着机体的供氧能力。

一、氧的摄取与运输 ■■■■■■■■

氧气的摄取和运输是通过呼吸和血液循环来联合实现的，生理学上称为氧运输。氧运输功能储备是决定体育锻炼能力，特别是耐力水平的重要条件。

（一）呼 吸

人体与外界环境之间进行的氧与二氧化碳的气体交换的过程称为呼吸。呼吸包括肺通气和肺换气。

1.肺通气

呼吸的第一步是通过呼吸肌的活动，使胸廓产生有节律的扩大和缩小运动，从而产生空气有节律地出入肺部的运动，称肺通气。每次肺通气过程中进出肺的气体量称为潮气量。潮气量与呼吸频率的乘积称为每分通气量。正常人安静时潮气量约为500毫升，呼吸频率为12～16次／分，因此，每分通气量为6～8升，这是健康人在安静时的正常值。运动时，在一定范围内，每分通气量将随运动强度的增加而增加。若个体经常从事身体锻炼，其呼吸器官的功能将会得到提高，最大通气能力也会得到相应的提高。最大通气量是检查肺通气功能的一个重要指标。最大通气量小，通气储备少，则难以胜任剧烈运动或高强度劳动。因此，最大通气量与体育锻炼能力或劳动能力密切相关。

2.肺换气

肺换气指新鲜空气经呼吸道进入肺泡后，与肺泡毛细血管内血液进行氧和二氧化碳的交换。肺换气在肺泡和血液之间进行。因此，潮气量中只有进入肺泡的空气才能参加气体交换，而存在于呼吸道的空气，不参加气体交换，故呼吸道被称为解剖无效腔。从气体交换的角度考虑，只有肺泡通气量才是有效的通气量。肺泡通气量是指每分钟出入肺泡进行气体交换的气体量。计算公式如下：

$$肺泡通气量＝（潮气量－无效腔）\times 呼吸频率$$

无效腔的容积是不变的，约为150毫升。人在进行浅且快的呼吸时，尽管随着呼吸频率的增加，每分通气量可增加，但肺泡通气量则因解剖无效腔的存在而减少。人在进行深且慢的呼吸时，解剖无效腔的通气量减少，肺泡通气量增加，呼吸效率明显提高。因此，在慢跑运动中，人应有意识地提高呼吸深度。

（二）气体交换

空气进入肺泡后，空气中的氧气立即与血液中的二氧化碳进行交换。肺泡中的氧进入血液，血液中的二氧化碳进入肺泡。毛细血管与组织（肌肉）之间也进行着气体交换，血液中的氧进入组织，组织中的二氧化碳进入血液。

（三）氧的运输

氧在肺部进行气体交换进入血液后，小部分溶解于血液，大部分由红细胞中的血红蛋白负载，通过血液循环，被运送到组织细胞处，再一次进行气体交换，进入组织细胞中被利用。血液运载氧的能力主要取决于红细胞中血红蛋白的数量。

二、体育锻炼时的氧供应 ■■■■■■■■■

（一）需氧量

单位时间内人体所需的氧量称为需氧量（或耗氧量）。安静时，成年人每分钟需氧量为250～300毫升。运动时，需氧量大大增加，而且运动强度越大，每分钟需氧量越多，运动的持续时间越长，总的需氧量越多。

当人体氧运输各环节功能已发挥到极致，仍不能满足机体对氧的需要时，体育锻炼时一部分能源就要在缺氧的情况下由无氧代谢供能。由于此时氧供应满足不了运动对氧的需要，人们习惯上将这部分氧的欠缺称为氧亏。在运动停止后的恢复期，心肺功能仍处在一个较高的活动水平，以继续增大吸氧量而偿还欠下的氧亏。在同样强度下运动，机体氧运输系统的能力越强，供氧能力也越强，所欠氧亏也就越少，工作也就越持久。因此，人体氧运输系统的能力（即心肺功能）是决定耐力的基础。

（二）最大摄氧量

当人体在剧烈运动时，呼吸系统和循环系统的功能（摄氧量）在1分钟后达到极限水平，人们称此为最大摄氧量。最大摄氧量客观地反映了人体氧运输的能力，是运动生理学检查、评价人体心肺功能的有效指标。最大摄氧量，主要取决于心脏泵血功能，即心输出量和肌细胞的摄氧能力。

第五章　体育锻炼的原则与方法

第一节　体育锻炼的基本原则

在进行体育锻炼的过程中，一定要讲求科学性，遵循以下基本原则。

一、适宜负荷原则 ■■■■■■■

适宜负荷原则是指在身体锻炼过程中，运动负荷的安排要合理适度，应既满足增强体质的需要，又符合身体的实际承受能力。运动负荷掌握的准确程度决定了身体锻炼的效果。运动负荷过小，身体机能处于常态工作范围，不能引起机体的效能反应，锻炼不能起到强健身体的作用；运动负荷过大，组织、器官的活动超过允许极限，身体则可能受伤，锻炼可能造成事与愿违的后果。适量运动，使身体负荷处于有效价值阈之间，锻炼后才能产生积极的效果，体质才会逐步增强。

二、循序渐进原则 ■■■■■■■

循序渐进原则是指身体锻炼的内容方法、技术难度、运动负荷等，应按由小到大、由浅入深的合理顺序安排。学习身体锻炼的知识必须遵循由易到难的认知规律，提高锻炼技术必须遵照泛化、分化到自动化的动作技能并形成规律，增强身体的机能和素质需要经过刺激—适应—再刺激—再适应的连续过程。因此，循序渐进、逐步提高是体育锻炼必须遵守的规则。

三、差异性原则 ■■■■■■■■■

差异性原则是指体育锻炼要结合锻炼者的年龄、性别、体质状况、锻炼目的，以及不同地区、不同气候、不同时期的特点来安排，做到因地、因人、因时制宜，以保证体育锻炼能科学合理地进行。锻炼的客观条件也是千差万别的。不同地区的自然条件差异很大，同一地区也存在着体育物资设备条件的差异；个体差异普遍存在，如年龄、性别、健康状况、心理状态、锻炼需求等方面都存在差异。因此，强调锻炼的针对性和从实际出发是必要的。

四、全面发展原则 ■■■■■■■■■

全面发展原则是指体育锻炼必须追求身心全面和谐发展，使身体形态、机能、身体素质及心理素质等方面得到全面协调的发展。人体是由各局部构成的一个整体，各局部均按"用进废退"的规律发展，体育锻炼能促进新陈代谢，使身体各系统、器官、组织和谐发展。

在进行体育锻炼时，要注意活动内容的多样性和身体机能的全面提高。身心的全面发展要从适应环境、抵抗疾病，改善机体形态、提高机体功能，陶冶情操、丰富文化生活等方面进行。确定体育锻炼的内容、方法要尽可能地考虑身体的全面发展，一般以功效大、个体较感兴趣的运动项目为主，以其他项目为辅进行全面锻炼。在全面锻炼的基础上，有目的、有意识地加强专项的体育锻炼。

五、经常性原则 ■■■■■■■■

经常性原则是指体育锻炼必须经常进行，使之成为日常生活中的重要内容。经常参加体育活动，锻炼的效果才能明显、持久。虽然短时间的锻炼也能对身体机能产生一定的影响，但是一旦停止体育锻炼，这种良好的影响会很快消失。体育锻炼会给予机体刺激，每次刺激都会产生一定的作用痕迹，连续不断的刺激作用会产生痕迹的积累，使机体结构和机能产生新的适应，体质就会不断增强，动作技能形成的条件反射也会不断得到强化。因此，体育锻炼贵在坚持，必须要有长久的积累，不要幻想在短时间内取得显著效果。

六、自觉积极性原则 ■■■■■■■■■

自觉积极性原则是指体育锻炼者应有明确的健身目标，能够充分认识体育锻炼的价值，自觉积极地从事体育锻炼活动。体育锻炼是锻炼者自我锻炼、自我完善，同时需要克服自身惰性、战胜各种困难的过程。

第二节　体育锻炼的训练方法

一、重复训练法 ■■■■■■■

在锻炼的过程中，多次重复同一个练习，两次（组）练习间安排相对充分的休息时间，从而增加负荷的锻炼方法叫作重复训练法。此方法的关键是在一次练习后，间歇时间应当充分，这样可以有效提高锻炼者的无氧和有氧混合代谢能力，提高各种技术应用的熟练性与机体的耐久性。重复次数不同，对身体的作用不同，重复次数越多，身体对运动反应的负荷就越大。如果重复次数持续增加，则可能使身体承受的负荷超过极限，乃至破坏身体的正常状态而造成损害。 运用重复训练法的关键是掌握好负荷的有效价值（最有锻炼价值负荷下的心率），并据此调节重复的次数。通常认为，普通大学生的负荷心率在 130 ~ 170 次/分较为适宜。

二、间歇训练法 ■■■■■■■

在锻炼的过程中，对多次锻炼的间歇时间有着严格要求，要确保机体在不完全恢复状态下反复进行锻炼，这种方法叫作间歇训练法。此方法的关键是严格控制间歇时间，使机体处于不完全恢复状态，要求每次练习的负荷时间较长、负荷强度适中。此方法可使锻炼者的心脏功能明显增强。通过调节负荷强度，可使机体各机能产生与锻炼项目相匹配的适应性变化，提高有氧代谢供能能力，增强体质。 同重复训练法一样，间歇训练法的间歇时间也要依据负荷的有效价值调节。一般说来，当负荷反应（心率）指标低于有效价值标准时，应缩短间歇时间；高于有效价值标准时，可延长间歇时间。实践中，一般心率在 130 次/分左右时，就应再次开始锻炼。间歇时不要静止休息，应边活动边休息，如慢走、伸展、活动关节等。

三、连续训练法 ■■■■■■■

在锻炼的过程中，为了保持有价值的负荷而不间断地连续进行运动的方法叫作连续训练法。此方法要求负荷强度较低、负荷时间较长、无间断地连续进行运动。此方法不能仅讲究间歇，还要讲究连续。连续、间歇、重复都是在整个锻炼过程中实现的且各有其独特的作用。连续的作用在于保持负荷不下降，维持在一定的水平上，使身体充分地受到运动的作用。连续锻炼时间的长短，同样要根据负荷的有效价值阈确定。通常认为，在 140 次/分左右的心率下连续锻炼 20 ~ 30 分钟，便可使机体的各个部位都能长时间地获得充分的血液和氧的供应，能有效地提高有氧代谢能力，发展耐力素质。

四、循环训练法

循环训练法是在练习前，设立几个不同的练习点（或称作业站）。练习者按照既定的顺序和路线，依次完成每个练习点的练习任务，即完成一个点上的练习之后，练习者就迅速转移到下一个点，下一个练习者依次跟上。练习者完成了各个点上的练习，就算完成了一次循环。采用循环训练法须确定每点的练习内容、每点的运动负荷、练习点的安排顺序、练习点之间的间歇、每遍循环之间的间歇、练习的点数和循环练习的组数。循环训练法对技术的要求不高，且各项目都采用比较轻度的负荷练习，因此练起来简单有趣，可有效地调动不同层次和水平的练习者的运动情绪及积极性，可以根据情况随时对锻炼过程加以调整，做到区别对待。采用循环训练法，可以防止身体局部负担过重，延缓疲劳的产生；也可以交替刺激不同的体位，有利于综合锻炼，从而达到身体全面发展的效果。就大学生而言，锻炼时既要发展四肢力量，又要发展躯干力量；既要运动胸背部，又要运动腰腹部；既要追求形态的健美，又需要注意机能、素质的全面发展，因此必须科学地搭配运动项目。一般以选择 6 ～ 12 个已被锻炼者掌握的简单易行的项目为宜。

五、变换训练法

通过不断变换运动负荷、练习内容、练习形式和条件，以提高锻炼者的积极性、适应性和应变能力的方法称作变换训练法。此方法可以有效地调节生理负荷，提高兴奋性，强化锻炼意识，克服疲劳和厌倦情绪，达到提高锻炼效果的目的。例如，锻炼者刚参加锻炼时，可多做些诱导性练习和辅助性练习，随着其锻炼水平的提高，应逐渐加大练习的难度，如用越野跑代替在田径场的长跑等。锻炼条件的变化，可使锻炼者的大脑皮质不断产生新异的刺激，提高兴奋性，激发锻炼的兴趣，从而提高机体对负荷的承受能力，改善锻炼效果。另外，不断地对锻炼的内容、时间、动作速率等提出新的要求，可有效地调节生理负荷，使机体不断产生适应性变化，达到更好地锻炼身体的目的。

六、负重训练法

负重训练法是使用杠铃、哑铃、沙袋等重物来锻炼身体、增强体质的方法。负重锻炼既适用于一般人日常锻炼身体，又适用于运动员进行身体训练，还适用于身体疾患者的康复。一般来说，为增强体质而进行负重锻炼，应该采用最大摄氧量和最大心输出量以下的负荷，否则，过大的负荷可能给心血管系统和呼吸系统带来不良的影响。为了保证这种锻炼方法对身体起到良好的作用，在运动负荷有效价值阈内（心率在 120 ～ 140 次/分）可以多次重复或连续进行某一动作或运动的训练。

第三节 体育锻炼的分类与方法

一、体育锻炼的分类

体育锻炼的分类方式多种多样，根据体育项目的功能和锻炼的目的，可分为健身运动、健美运动、休闲运动、康复医疗运动、竞技运动、极限运动等。

（一）健身运动

健身运动是正常人为了增进健康、增强体质而进行的体育锻炼。健身运动可促进身体正常发育，使身体各部分协调发展，增强人体各器官、各系统的机能，提高身体素质，以及提高人体的基本活动能力。健身运动包括健步走、慢跑、太极拳、游泳、骑自行车、划船、滑冰、跳舞、各种球类活动等。

（二）健美运动

健美运动是不断地采用大负荷量来发展肌肉力量、改善身体形态的一项运动。健美运动可以使体型更加匀称；同时，还能培养审美能力和身体表现力，帮助人们树立正确的形体健美观念。健美的形式有多种，如为了使肌肉发达，可以采用器械练习；为了形成良好的体型与姿态，可以进行艺术体操、形体训练、健美操、各种舞蹈和基本体操中的一些动作练习。

（三）休闲运动

休闲运动是为了调节精神、丰富文化生活而进行的体育活动。休闲运动可使人身心愉快，既锻炼了身体，也陶冶了情操，如跳绳、踢毽子、钓鱼、郊游、打台球、打高尔夫球等。

（四）康复医疗运动

康复医疗运动，又被称为运动疗法或体育康复医疗，是指以体育锻炼为手段进行疾病治疗和恢复受损后身体机能的康复过程。康复医疗运动已被证明对多种疾病的治疗能起到积极作用。康复医疗运动的锻炼内容主要有健步走、慢跑、太极拳（剑）、健身气功、矫正体操、保健操等。锻炼者可根据疾病的性质有针对性地采用相应的体育锻炼方法。对于某些疾病患者而言，如心血管疾病患者、糖尿病患者、高血压患者等，在医生指导下进行锻炼，效果会更为显著。

（五）竞技运动

竞技运动是通过科学的、系统化的训练，以竞赛的形式，使个人或集体最大限度地发挥体格、体能、心理、运动能力等方面的潜能，从而使个人或集体取得优异成绩的一种体育运动。

竞技运动的项目较多，不同的运动项目具有不同的锻炼作用。

选择竞技运动项目作为体育锻炼内容时，要从实际出发，有目的、有计划地选用。普通人应选择容易开展、趣味性强、锻炼价值较高的竞技运动项目进行锻炼，如球类运动、田径、体操、游泳、滑雪等。

（六）极限运动

极限运动是能够激发人体最大潜能、使人的生理和心理承受能力得到最大限度提高的一类运动。极限运动具有冒险性、刺激性、创新性等特点，如蹦极、攀岩、跳伞、冲浪、滑板等。

极限运动的危险性很高，在运动前应做好充分的准备工作，练习也要循序渐进、由易到难。需要注意的是，有心脏病、高血压等疾病的人不宜参与此类运动。

二、体育锻炼的方法 ■■■■■■■■■

体育锻炼的方法是根据人体发展规律，运用多种身体练习和自然因素，以提高身体素质的途径和方式。

（一）发展力量素质的锻炼方法

1. 静力性力量练习

静力性力量练习的特点是肢体被固定在一定位置或姿态上不产生明显移位。静力性力量练习主要用于提高肌肉耐力。在发展肌肉最大力量的练习时，可采用较大的负荷强度。

（1）对抗性静力练习。根据发展某部位肌肉的需要，身体姿势保持固定不变，用极限力量对抗固定的物体。

（2）负重静力练习。根据发展某部位肌肉的需要，确定姿势，固定重量，身体姿势保持不变。

（3）慢速力量练习。动作速度较慢，靠肌肉的紧张收缩来完成，如肩负杠铃深蹲慢起等。

2. 动力性力量练习

动力性力量练习指练习时肢体产生明显的位移或较快速地推动其他物体产生运动。

（1）绝对性力量锻炼。一般以最大负荷量的 80% ～ 100% 进行锻炼。锻炼时，以较少的次数（1 ～ 3 次）完成最大重量或接近最大重量的练习。

（2）速度力量锻炼。速度力量主要指肌肉在短时间内快速收缩的能力。锻炼时，以中等或中小重量（最大负荷量的 60% ～ 80%）为宜，要求练习的重复次数少，要以最快的速度完成。

（3）力量耐力锻炼。采用最大负荷量的 40% ～ 60%，重复次数达到 15 次以上，不追求速度，但严格规定重复次数和坚持时间，如俯卧撑、仰卧起坐、引体向上、举杠铃、举哑铃等。

（二）发展耐力素质的锻炼方法

人们从事各种脑力及体力劳动时，在生理上表现出的抵抗疲劳、持久连续的工作（活动）能力称为耐力。实践证明，耐力越强，坚持工作的效率就越高。在体育锻炼中，耐力素质是一项极为重要的基础素质，它对改善心肺功能具有显著的效果。

1. 有氧锻炼是耐力训练的主要手段

人体在氧气供应充足的条件下，进行强度适中、持续时间较长的锻炼，能使人体处于比较理想的运动状态，为发展有氧耐力创造良好条件。人们一般首选有氧练习作为耐力锻炼的主要途径，并综合性地选择健步走、跑步、骑自行车、游泳、原地跑、打篮球等练习方式。

2. 把握好呼吸节奏

有氧耐力的锻炼效果与呼吸方式密切相关，尤其是耐力跑练习。随着运动负荷的逐步加大，呼吸应由浅入深，呼与吸必须均衡，要有相对稳定的呼吸节律（频率）。学会正确地呼吸，能提高人体的摄氧量水平，调节体内氧供应状态，确保练习质量，否则易引起呼吸不畅，甚至导致呼吸肌痉挛，妨碍运动。

3. 注重体力的恢复

长时间的运动易造成能量供应不足和代谢物质的堆积，使肌力减退，身体产生疲劳。因此，在锻炼前，要适当补充碳水化合物、维生素、蛋白质。锻炼后，要做充分的放松练习，还可进行温水浴及局部肌肉按摩，加速全身血液循环，帮助人体消除疲劳，恢复体力。

4. 采用综合性练习

选择自己较感兴趣的几种锻炼内容，并将之组成综合性练习方式。例如，第一天跑步，第二天游泳，第三天打篮球，等等。综合性练习不仅可避免日复一日进行同一项目练习而产生的枯燥感，还可调节身体的灵活性，有助于改善锻炼效果。

5. 以持续练习为手段

长时间、长距离、慢节奏及中等强度（约70%最大心率）的锻炼，是一种颇受青睐的以持续练习为手段的耐力锻炼方法。如果运动强度不增加，锻炼者便会轻松地完成身体练习。若锻炼者身体健康，一次锻炼的时间可持续40～60分钟，同强度较大的练习相比，持续练习安全性更高。

6. 采用间歇练习法

间歇练习法指强度、时间、距离和间隔时间都较为固定的练习方法，比较适合有一定耐力基础及期望能获得更高适应水平的锻炼者。间歇练习比持续练习更能使人完成更大的运动量，每次练习后有一个休息期。休息期的时间长短与练习时间相等或稍长于练习时间。

7. 以组合练习为手段，发展肌肉耐力

采用低强度或中等强度的负荷，并以重复次数多的组合练习为主要手段，来增强肌肉耐力。

（三）发展速度素质的锻炼方法

速度素质是指人体或人体的某部位在最短时间内快速完成动作的能力。在田径运动的短跑及游泳运动的短距离项目中，速度对成绩起着决定性的作用。有的运动项目本身虽不是比速度，但参与者速度素质的好坏，对其成绩的直接影响也是明显的，如跳远、三级跳远等。此外，速度在其他体育运动中，尤其是球类运动，同样具有重要的作用。

1. 发展反应速度的方法

（1）听觉反应，指对突然发出的信号（鸣枪、鸣哨、击掌、呼喊）迅速做出准确的反应，如短跑时听枪声起跑、足球赛中听哨声进行比赛等。

（2）视觉反应，指对变化、移动的信号物（手势、旗势等）迅速做出应答反应。例如，射击、击剑、球类运动等项目，练习者须通过对信号物移动和变化的方向、速度、高度进行预测，再决定自己的起动、站位及采取正确的对策。

（3）综合反应，指当先后或同时接收视觉、听觉、触觉、味觉等多种信号时，做出快速且正确的反应。人体的感受器官在长期的进化中获得了专门的感受能力。当内外部环境发生变化时就会产生兴奋冲动，沿着各自的传导途径传至大脑皮质的相应区域，进行精密的分析并进行调节，因此大脑皮质可以被视为感受器官的综合体。虽然感受器官是单独存在的，但它们的活动是互相联系和互相制约的。为了提高大脑皮质的综合分析能力和反应能力，在练习反应速度时，可时而吹哨、时而挥旗、时而击掌、时而喊话，使多种感受器官同时进入活动状态，彼此间建立复杂的联系，使人体感受器官能更好地适应运动的需要，以保证机体快速、正确和有效地完成动作。

2. 发展动作速度的方法

（1）利用外界助力。利用外界的助力来帮助、提高、控制练习的动作速度。例如，体操练习中的托、送、推、顶、拉、搓，帮助练习者旋转、滚翻跳跃，提高练习者完成某一技术环节的动作速度。又如，短跑练习中的牵引跑、顺风跑、下坡跑等。

（2）加大动作难度。利用加大动作难度的训练方式提高动作的速度。神经系统在完成难度较大的动作时会较兴奋，随之做难度相对较小的动作，能使"剩余兴奋"继续发挥作用，指挥肌肉迅速收缩，把做较大动作难度所获取的效果转化到动作速度上去，从而提高动作速度。例如，人们经过适时、适量的负重跑、跳、掷练习后再恢复正常的跑、跳、掷，就会感到轻松、有力。

（3）调整速度节奏。从动作速度的发展能力看，以最快的速度进行动作练习才能奏效，但并非每次都需以最快的速度完成动作。练习中速度的节奏变化应快慢结合，并力争在练习时超过平时的习惯速度，以利于提高运动中枢的兴奋性，切忌动作速度保持不变。

此外，动作速度在很大程度上是肌肉爆发力的表现，因此动作速度的发展应与力量素质、灵敏素质、柔韧素质等的发展密切结合。

3. 发展位移速度的方法

（1）增强肌肉力量。物体运动速度的获得是力作用的结果，作用力越大，位移也就越快。可见，提高人体位移速度必须增强肌肉力量。发展位移速度的方法有负重全蹲、半蹲、蛙跳、单足跳、双足跳等。力量的增强并不能使位移速度立即提高，而是需要几周甚至更长的时间才能有所变化。为此，在练习力量时应有长期坚持的思想准备。

（2）减小内外阻力。在运动中，人体重力、空气阻力、摩擦力、惯性都是位移运动的外阻力。肌肉的黏滞性、活动关节囊的摩擦力及拮抗肌群牵引力等则是人体位移的内阻力。设法减小这些阻力，有利于位移速度的提高。方法如下：① 控制体重，适当减轻体重，即使力量不变，速度也会有所提高；② 提高肌肉的协调能力，减少对抗，以便节省能量、提高效益；③ 提高运动技术的准确性，减少位移过程中的不正确动作所产生的阻力。

（3）提高综合能力。位移速度的提高还取决于神经系统的灵敏性、心血管系统的功能和适应性，以及肌肉的伸展性、关节的灵活性等。提高综合能力的方法如下：① 短距离一定强度的重复跑、间歇跑；② 反复做 60 ～ 80 米的冲刺跑，前后左右的摆腿、踢腿、转肩、涮腰、压腿等。另外，在锻炼中还可能出现速度障碍（速度发展到一定程度后出现停滞不前状态），可采用变速跑、顺风跑、牵引跑、上坡跑等方式克服速度障碍。

（四）发展灵敏素质的锻炼方法

灵敏素质是指在各种突然变换环境的条件下，人体迅速、准确、协调、灵活地完成动作的能力。它是人们的活动技能、神经反应和各种身体素质在活动过程中的综合表现。

（1）发展灵敏素质的方法：① 练习者在跑、跳中迅速、准确、协调地做出各种动作，如各种快速改变方向的跑，各种快速突然的起动、急停及各种迅速转体等练习；② 各种调整身体方位的练习，如利用体操器械做各种较复杂的动作；③ 专门设计的各种复杂多变的练习，如立握撑、十字变向跑、8 字跑、综合变向跑等；④ 各种变换方向的追逐性游戏和对各种信号做出反应的游戏。

（2）发展灵敏素质的具体训练方式：① 单人练习，如快速折返跑、快速后退跑、弓步转体、不同方向的滑步、跳起转体等；② 单人器械练习，如单杠悬垂摆动、双杠支撑摆动、挂撑前滚翻、双杠转体下，各种球类运动等；③ 双人练习，如模仿跑、躲闪摸肩、"撞拐"游戏、两人头顶球练习、篮球攻防练习；④ 双人器械练习，如篮球的行进间运球、运球追逐及抢球，以及双杠端支撑跳下换位追逐等练习；⑤ 组合练习，如交叉步—后退跑—折返跑练习、前滚翻—后滚翻—侧手翻—跑跳起练习等。

（五）发展身体柔韧素质的锻炼方法

柔韧素质是指人体关节的活动幅度，以及肌肉、肌腱、韧带等软组织跨过关节的弹性与伸展能力。人体在运动时所发挥出来的速度素质、力量素质等都与柔韧素质密切相关。柔韧素质对完成技术动作的力度与幅度，以及有效地预防运动损伤都具有非常重要的作用。

1. 颈部柔韧性练习

【动作要点】低头—抬头；右转头—左转头；右倒头—左倒头；颈部绕环和抗拒性练习。

【伸展的肌肉】斜方肌、胸锁乳突肌。

【功效】增大颈部关节活动范围，促进颈部血液循环，预防和缓解颈椎病。

2. 肩关节柔韧性练习

【动作要点】各种不同体位的压肩；各种不同姿势的拉肩；各种不同方法的牵引和绕肩。

【伸展的肌肉】胸大肌、背阔肌、肩带周围肌群。

【功效】增强肩带肌群的伸展力，扩大肩关节的活动范围，提高肩关节的灵活性，促进肩部的血液循环，防治肩周炎。

3. 腰腹部柔韧性练习

【动作要点】体前屈；体侧屈；体转；双人体后伸。

【伸展的肌肉】腰背及股后肌群、体侧肌群。

【功效】能有效地增强腰腹部肌力，扩大腰部关节的活动范围，促进腰部血液循环，防治腰脊病变。

4. 下肢柔韧性练习

【动作要点】压腿，将一只腿放在一定高度的把杆或架子上，另一只腿支撑，正压或侧压，尽量使头、上体靠近腿部；原地或行进间踢腿练习，两腿尽量不弯曲；"跨栏步"压腿；原地或行进间弓步压腿；纵叉、横叉；跪坐，脚背着地，身体后仰压脚背。

【伸展的肌肉】股后肌群、股四头肌、小腿三头肌、大腿内侧肌群。

【功效】增加肌肉跨髋关节、膝关节的伸展力，提高髋关节、膝关节的柔韧性。

第四节　体育锻炼的注意事项

一、锻炼时间与方法的选择 ■■■■■■■■

受环境因素的影响与制约，人们不可能完全满足自己锻炼身体的需要，但要做到以下几点：① 坚持每天锻炼，每天锻炼的时间可以短，但不可以不练；② 注意全面锻炼，大学阶段是学生身体成长的最后完善阶段，进行全面锻炼，对塑造形体和提高机能都有较好的效果；③ 充分利用一切可利用的条件，随时间的不同，选择有利、有效的全面锻炼身体的方法。

（一）锻炼时间的选择

锻炼时间的选择不是固定不变的，只要锻炼身体的指导思想与原则不变，在不改变原有生活习惯的前提下，同样可收到理想的锻炼效果。例如，有的学生在中学时代养成了晚上学习的习惯，需要充分利用早上的时间多休息一会儿，这些学生可以利用课外活动、晚自习等空余时间自觉积极地投入锻炼当中。只要方法得当、持之以恒，同样会收到理想的效果。

（二）锻炼方法的选择

在锻炼方法的选择上，应尽可能全面。上肢、下肢、腹部、腰背部等，应尽可能在形体锻炼上协调发展；在心脏功能、神经系统等机能锻炼上逐步提高，使自身的速度素质、力量素质、耐力素质、灵敏素质、柔韧素质等身体素质均衡发展。随着身体素质的逐步提高，循环系统、呼吸系统、神经系统、内分泌系统、免疫系统等的机能也自然会得到提高与发展，从而使锻炼者拥有健美的体型和健康的身体。尽量选择几种不同的运动项目进行锻炼，原因是不同的锻炼身体的方法和项目会有不同的锻炼效果。

（三）锻炼时间与方法选择的统一性和科学性

锻炼时间与方法选择的统一性和科学性，即锻炼者按照体育运动的客观规律，合理地依据时间选择锻炼身体的方法。例如，把课间 10 分钟作为一段锻炼时间，可以做课间操，打太极拳，做几组引体向上、双杠臂屈伸或俯卧撑等。如果有 1 ～ 2 小时的时间，可以打篮球或踢足球，或者到田径场进行长跑锻炼或跳、投锻炼，也可以练习游泳。

总之，要依据时间的长短，合理安排运动的方式和方法。每个运动的方式和方法都要遵循全面发展、循序渐进的原则展开，力求做到方式、方法多样化，运动量大小合理化，锻炼目的明确化，长期锻炼系统化。

二、进行自我体育锻炼的注意事项

（一）正确处理好锻炼身体与学习的关系

自觉积极地锻炼身体，离不开科学的锻炼方法，以使机体各项素质不断得到提高与完善，以饱满的精神投入学习。锻炼身体是一个漫长的积累过程，知识的积累同样也是一个漫长的积累过程。紧张的学习使大脑产生疲劳，体育锻炼可使大脑得到休息，进而消除大脑疲劳。从这个角度而言，锻炼身体和学习是相辅相成的。有的学生把锻炼身体和学习割裂甚至对立起来，认为锻炼身体浪费了学习时间。这种观点是错误的，错在没有理解锻炼身体与学习间内在的科学关系。众所周知，人们做任何事情，要达到预期或理想的目的，离不开科学的方法。背离了科学的方法，就背离了事物发展的客观规律，带来的结果往往是适得其反。因此，科学地安排每天、每月、每学期的大学生活，把锻炼身体作为学习中不可缺少的一部分，有机地、合理地穿插进行，做到学习、锻炼两不误，调整情绪，增强体质，以饱满的热情和充沛的精力投入学习，才是当代大学生应走的劳逸结合之路。

（二）掌握锻炼前后的身体变化情况

锻炼身体要做到有计划，持之以恒地坚持，同时也要随时关注并及时发现身体由于某些原因发生的不良反应或潜在的某些疾病，继而调整锻炼的内容、方法和运动负荷。通常要在锻炼前注意自我感觉，密切关注自己学习时注意力是否集中，饮食是否正常，睡眠是否充足良好，情绪有无变化等。在锻炼后也要根据自我感觉和通过测量心率来检查身体的恢复情况。

（三）自我锻炼中须防止各种伤害事故

体育锻炼的主要目的是增强体质。如果在运动中由于缺乏运动常识，而引发各种伤害事故，不仅不能达到锻炼身体的目的，还会影响正常的生活和学习。因此，在体育锻炼中，要特别注意安全，防止各种伤害事故的发生。

第六章 运动处方

第一节 运动处方概述

一、运动处方的概念

运动处方是康复医师或体疗师对体育锻炼者或患者，根据医学检查资料（包括运动试验和体力测验数据），按其健康、体力和心血管功能状况，以处方的形式确定运动种类、运动强度、运动时间和运动频率，提出运动中的注意事项。运动处方是指导人们有目的、有计划和科学地进行锻炼的一种方法。

处方在医学上指的是医师给患者开的药方，不同的病或同一种病的程度不同，所开的药方就不相同。同样地，要科学地锻炼身体，提高健康水平，预防或治疗疾病，必须"对症下药"。因此，参加锻炼者必须根据自己目前的身心状况制订科学的运动处方，才能获得所期望的锻炼效果。

二、运动处方的作用

运动处方是体育锻炼的核心部分，其制订和实施是体育锻炼科学化、定量化、个体化（因人而异）的保证。学习和掌握运动处方，对人们的锻炼和康复都具有重要的作用。

对运动处方知识的学习可以帮助人们转变锻炼观念。研究证明，疾病一般是有潜伏期的，因此人们不能等身体有了不良反应才开始锻炼，而应在身体状况良好时就做好健康的蓄积，即应自青少年时期就开始为终身健康而积极锻炼。

运动处方是落实《计划》的具体措施。《计划》向公众推荐了200多种小型多样的健身运动方式，学习和掌握运动处方能更好地进行《计划》的推广，使锻炼取得事半功倍的效果。

三、运动处方的分类

随着康复体育的不断发展及运动处方应用范围的扩大，运动处方的种类也不断增加，常见的分类如下。

（一）按锻炼的目的和作用分

按锻炼的目的和作用，运动处方可以分为以下三种。

（1）治疗性运动处方：以治疗疾病、改善康复效果为主要目的。

（2）预防性运动处方：以增强体质、预防疾病、提高健康水平为主要目的。

（3）健身、健美运动处方：以提高身体素质、增强运动能力、健美为主要目的。

（二）按锻炼的系统分

按锻炼的系统，运动处方可以分为以下四种。

（1）锻炼循环系统的运动处方。

（2）锻炼运动系统的运动处方。

（3）锻炼神经系统的运动处方。

（4）锻炼呼吸系统的运动处方。

第二节 运动处方的内容

一、运动种类

（一）体育健身运动的种类

体育健身运动可以归纳为有氧运动、球类运动、中国传统运动、力量练习、牵拉练习五大类，其中有氧运动又分为中等强度和大强度。每种类别包含不同的活动方式，并能取得不同的健身效果。（表6-2-1）

表6-2-1 体育健身运动的种类

种 类	活动方式	健身效果
有氧运动（中等强度）	健步走、慢跑（6～8千米/小时）、骑自行车（12～16千米/小时）、登山、上下楼梯、游泳等	改善心血管功能和呼吸功能，控制与降低体重，增强抗疾病能力，调节血脂、血压，改善糖代谢

续　表

种　类	活动方式	健身效果
有氧运动（大强度）	快跑（8千米/时以上）、骑自行车（16千米/时以上）	提高心肌收缩力量和心脏功能，进一步改善免疫功能
球类运动	篮球、足球、橄榄球、曲棍球、冰球等	提高心肺功能，提高肌肉力量，提高反应能力，调节心理状态
中国传统运动	武术套路、健身气功等	改善心肺功能，增强免疫力，改善呼吸功能，提高平衡能力，提高柔韧性，调节心理状态
力量练习	非器械练习：俯卧撑、原地纵跳、仰卧起坐等；器械练习：使用各类综合力量练习器械、杠铃等	增加肌肉量，提升肌肉力量，提高平衡能力，保持骨骼健康，预防骨质疏松
牵拉练习	动力性牵拉：正踢腿、甩腰等；静力性牵拉：正压腿、压肩等	提高关节活动幅度和平衡能力，预防运动损伤

（二）运动种类的选择

1. 选择运动种类的条件

从运动医学的角度来说，以增进健康为目的所进行的运动应考虑以下三个条件：① 恒常运动；② 有一定节律的持续运动，无呼吸紊乱或憋气现象；③ 近于全身运动，不是局部运动。

2. 运动处方的运动种类

运动处方要求包括以下三种运动种类，以达到全面锻炼的最佳效果。

第一类为有氧运动的耐力性运动项目：健步走、慢跑、走跑交替、游泳、骑自行车、滑冰、滑雪、划船、跳绳、上下楼梯及使用室内功率自行车、步行车、活动平板（跑台）等进行锻炼。

第二类为伸展运动及健身操：广播体操、健美操、太极拳、五禽戏、八段锦、体育舞蹈、各种医疗体操和矫正体操等。

第三类为力量性运动：中等强度的、足以发展和维持去脂体重（人体体重减去人体脂肪重量）的力量训练。

二、运动强度 ■■■■■■■■

运动强度是单位时间内的运动量，而总运动量是运动强度和运动时间的乘积。运动强度是衡量运动处方定量化与科学性的核心要素，而运动量也是决定锻炼效果与运动安全性的关键指标。二者的表示方法有多种，可根据需要分别使用，具体公式如下：

$$运动强度 = 总运动量 \div 运动时间$$

$$总运动量 = 运动强度 \times 运动时间$$

美国神经科学家贾斯廷·罗德研究发现，人如果能经常进行有规律、适量的运动，能令思维、感觉和反应都更灵敏，但过量运动时，人们会感觉极度疲劳、浑身无力、大脑反应减慢。试验中，运动过量的小白鼠比运动量正常的小白鼠，大脑反应更迟钝。如果人长期过量运动，大脑机能会受损，出现注意力不集中、失眠、健忘等现象。因此，要掌握好运动强度，一般每次有氧运动时间以 20～60 分钟为宜。运动强度可用运动心率衡量。

（一）年龄计算法

通过年龄计算运动适宜心率，公式如下：

$$运动适宜心率 = 180（或 170）- 年龄$$

如果是 60 岁以上或体质较差的中老年人，则用 170 减去年龄。

（二）身体指标与心率的关系

日本的池上晴夫认为，运动心率在 110 次/分以下时，机体的血压、心电图等指标均无明显变化，健身效果不明显；心率为 140 次/分，每搏输出量接近并达到最佳状态，健身效果明显；心率为 150 次/分，每搏输出量最大，健身效果最好；心率在 160～170 次/分时，虽无不良的异常反应，但也未出现更好的健身效果；心率达到 180 次/分时，体内免疫蛋白减少，易感染疾病，并易产生疲劳或运动伤病。

三、运动时间 ■■■■■■■

运动时间指每次持续运动的时间。运动时间和运动强度的乘积决定总运动量，因此即使等量的运动量，对于不同的运动目的也有不同运动强度和运动时间的处方。对于大学生来说，短时间剧烈的、反复多次的运动处方对增进健康有很好的作用。

据研究，每次进行 20～60 分钟的耐力性运动是比较适宜的。从运动生理角度而言，5 分钟是全身耐力运动所需的最短时间，60 分钟对于坚持正常工作的人是最大限度的时间。库珀的研究表明，心率在 150 次/分以上时，最少持续运动 5 分钟才开始收到效果。

（一）必要的运动时间

必要的运动时间，因运动强度、运动频率、运动目的、年龄、身体条件等的不同而不同，不能一概而论，而要看某种运动强度对呼吸系统、循环系统的刺激，从运动开始至达到恒常运动所需的时间。能够给予呼吸系统、循环系统有效的刺激，使各生理功能充分发挥，达到恒常运动的时间：轻运动时间为 5 分钟左右，强运动时间为 3 分钟左右。由此可见，5 分钟以内的运动对呼吸系统、循环系统的刺激还是不充分的。因此，在达到恒常运动以后需要继续运动一段时间，这样合计运动时间则为 10 分钟以上，再加上准备活动及整理活动需要 5～8 分钟，实际所需要的时间至少为 15 分钟，这是比较可行的最低限度。

一般可在持续进行有氧运动 20～60 分钟范围内，按运动强度及身体条件决定必要的运动时间，这是运动处方的要点。

（二）时间与强度的配合

每次运动持续时间和运动强度的配合，可明显地改变运动量。一般来说，健康成年人宜采用中等强度、长时间的运动；体力弱且时间充裕的人，可采用小强度、长时间的配合；体力好而时间不多的人，可采用大强度、短时间的配合。（表6-2-2）

表6-2-2　运动时间与运动强度的配合

运动强度	5分钟	10分钟	15分钟	30分钟	60分钟
小强度	70%最大摄氧量	65%最大摄氧量	60%最大摄氧量	50%最大摄氧量	40%最大摄氧量
中强度	80%最大摄氧量	75%最大摄氧量	70%最大摄氧量	60%最大摄氧量	50%最大摄氧量
大强度	90%最大摄氧量	85%最大摄氧量	80%最大摄氧量	70%最大摄氧量	60%最大摄氧量

日本国立体育科学中心建议人们采用三种中等运动量的锻炼，即15分钟70%最大摄氧量、30分钟60%最大摄氧量、60分钟50%最大摄氧量。

四、运动频率

运动频率指每周的锻炼次数。有人经研究观察得出结论：当每周锻炼多于3次时，最大摄氧量的增加逐渐趋于平缓；当锻炼次数增加到5次以上时，最大摄氧量的提高幅度就很小；而每周锻炼次数少于2次时，通常不会引起最大摄氧量的改变。由此可见，每周锻炼3或4次是最适宜的频率。由于运动效应的蓄积作用，运动间隔不宜超过3天。就一般的健身保健而言，人们如果能坚持每天锻炼一次当然更好。

关于必要的运动频率，日本池上晴夫的研究结果：一周运动1次时，运动效果不蓄积，肌肉酸痛和疲劳在每次运动后都发生，运动后1～3天身体不适且易发生伤害事故；一周运动2次，疼痛和疲劳减轻，效果逐渐蓄积，但不显著；一周运动3次，基本上是隔日运动，不但效果可充分蓄积，而且不产生疲劳；如果增加频率为一周4次或5次，效果也相应增强。

五、注意事项

为保证安全，制订运动处方时应根据处方对象的具体情况，指出锻炼时应当注意的事项。患有慢性疾病的患者应注意检测疾病状态，或者有医护人员陪同。锻炼应遵循循序渐进的原则，量力而行。

第三节 运动处方的制订与实施

运动处方的制订和实施程序包括全面了解处方对象的体质健康状况、临床检查和功能检查、运动功能评定、制订运动处方、实施运动处方等步骤。

一、全面了解处方对象的体质健康状况

在制订运动处方前，要通过问询、问卷调查、医学检查、体质测定等，全面了解处方对象的身体状况。了解的内容一般应包括处方对象的身体发育情况、疾病史、目前伤病情况和治疗情况、近期身体健康检查结果、身体素质和健康体适能测定结果、运动史、锻炼情况等。全面了解处方对象的身体情况的目的是排除运动禁忌证，确定运动目标，确定运动功能评定方案，为检查锻炼效果提供原始资料。

二、临床检查和功能检查

运动处方的临床检查和功能检查主要包括对处方对象的运动系统、循环系统、呼吸系统、神经系统等的检查。

检查的目的：对处方对象当前的健康状况进行评价；评判其能否进行运动和参与运动负荷试验；明确处方对象是否有潜在疾病或危险因素，以预防事故的发生。总之，医学检查的基本目的在于掌握处方对象的状况，为制订运动处方提供必要的信息。

三、运动功能评定

运动功能评定是指根据运动处方的目的，进行相应的器官、系统的功能状况检查评定。制订以康复治疗为目的的运动处方，要对相应功能障碍的部位进行关节活动幅度评定和肌肉力量评定；制订以增肌为目的的运动处方，要进行肌力和体围指标的测量评定；制订以提高心肺功能或减脂为目的的运动处方，要进行心肺功能检查评定。

四、制订运动处方 ■■■■■■■■

（一）确定运动目的

确定运动目的就是要确定运动处方是为了恢复功能、消除或减轻功能障碍，还是为了提高心肺功能、增肌或是减脂等。

（二）确定运动种类

人们在选择运动种类时，应考虑到以下几方面：运动目的，临床检查和功能检查的结果，运动者的运动经历、兴趣、爱好、特长等，运动的环境、条件，等等。运动处方的种类分为有氧运动、力量练习、柔韧性练习三类，可以根据需要选择这三类中的某一类，也可以是其中的某两类或者三类。

以减脂和改善心肺功能为目的的运动处方，运动种类应选择有氧运动（如慢跑）。若锻炼者的体重过大或腿部力量较弱，则可以先加强腿部力量训练，同时进行运动强度较低的走跑交替运动，待腿部力量加强后，再进行慢跑。

（三）确定运动量

有氧运动与力量练习的运动量是由不同的因素决定的。

1. 有氧练习的运动量的确定

有氧运动的练习量是由运动强度和持续运动时间决定的。有氧运动的运动强度是用靶心率来表示的，最大心率的 65 % ～ 85 % 为靶心率，即

$$靶心率 =（220 - 年龄）×（65\% ～ 85\%）$$

这个公式中唯一的变量就是年龄，按照这一公式，同一年龄的锻炼者，靶心率都是一样的，这显然不是很科学。目前在实际操作中，引入了年龄和静态心率两个变量来表示运动强度。按照不同锻炼目的，有氧运动可分为以提高心肺功能为目的的有氧运动和以减脂为目的的有氧运动，其靶心率计算公式如下。

（1）以提高心肺功能为目的的靶心率为

$$靶心率 =[（220 - 年龄）- 静态心率] ×（60\% ～ 80\%）$$

其中，220 - 年龄 = 最大心率；最大心率 - 静态心率 = 储备心率。

（2）以减脂为目的靶心率为

$$靶心率 = [（220 - 年龄）- 静态心率] ×（40\% ～ 60\%）$$

重度肥胖者起始锻炼的靶心率一般采用"储备心率 ×40%"，中度和轻度肥胖者起始锻炼的靶心率一般采用"储备心率 ×50%"。

以提高心肺功能为目的的有氧运动的持续运动时间为 20 ～ 60 分钟。开始运动的时候，持续运动的时间不要过长，适应后逐渐延长运动时间。

以减脂为目的的有氧运动的持续运动时间不能少于 40 分钟，一般持续运动时间控制在 40 ～ 80 分钟。

2. 力量练习的运动量的确定

力量练习的运动量是由抗阻力大小、重复次数、组数及组间间隔时间决定的。力量练习的运动强度是以抗阻力大小而不是以心率指标为准。

抗阻力大小一般用极限次数来表达，即用竭尽全力所能完成的次数来表达运动强度。（表6-3-1）

表6-3-1 运动强度与对应的效果

强 度	次 数	效 果
极限强度和大强度	1～5	快速增长力量
中等强度	6～8	增加肌肉量，提升肌肉力量
中小强度	9～12	发展小肌肉群和增加肌肉的线条弹性
小强度	≥ 13	减少皮下脂肪，增加肌肉弹性

一般根据力量练习所需要达到的效果选择不同的抗阻力大小。例如，要达到增肌的效果，就采用中等强度（极限次数8次）；要减少皮下脂肪和增加肌肉弹性，就要选用小强度（极限次数13次以上）。

力量练习的组数包括每个部位肌肉练习的组数与一次训练课的总组数。首先要了解每个动作应练习的组数，然后依照训练的水平确定每次练习的总组数。练习组数还取决于运动者不同的体质、体力和训练水平，不能无限制地增加组数，否则就会导致训练过度。依据训练水平（原则上以系统训练时间为依据），练习阶段分为初级Ⅰ段（开始至3个月）、初级Ⅱ段（3～6个月）、中级阶段（6个月至1年）、高级阶段（1年以上）。同时，大肌肉群和小肌肉群练习的组数也略有区别（表6-3-2）。人们通常将全身肌肉分为大肌肉群和小肌肉群，二者之间的训练组数是不同的。胸部肌群、背部肌群、臀部肌群和腿部肌群为大肌肉群，肩部肌群、上臂肌群、前臂肌群为小肌肉群。腹部肌群为特殊肌群。原则上，小肌肉群的训练组数是大肌肉群训练组数的2/3。

表6-3-2 各阶段练习组数

阶 段	大肌肉群	小肌肉群
初级Ⅰ段	2～4组	2或3组
初级Ⅱ段	5～7组	3或4组
中级阶段	8～10组	5或6组
高级阶段	11～14组	7～10组

决定运动强度的另一个因素是组间间歇。在两组练习之间，应该有一个最合适的休息时间（表6-3-3）。训练间歇合理才能使肌肉保持最佳兴奋状态。间歇时间过短，肌肉不能消除疲劳；间歇时间过长，不仅上一组的训练痕迹消失，达不到训练效果，还会影响训练者的情绪，甚至造成运动损伤。

表 6-3-3　各阶段间歇时长

阶　段	间歇时长
初级 I 段	90 ～ 120 秒
初级 II 段	70 ～ 90 秒
中级阶段	60 ～ 70 秒
高级阶段	45 ～ 60 秒

间歇是为了保持练习的连续性和尽快消除疲劳。运动者不能采用仰卧、静坐等消极性休息方式，而应该采取积极的休息方式。首先，必须要做的就是调整呼吸，做几次深呼吸，增加吸氧量，使体内供氧充足，让肌肉得到放松；其次，应对肌肉进行放松按摩，如快速抖动肌肉，有节奏地按捏、叩击和做一些使肌肉充分拉长的伸展动作，以尽快消除肌肉紧张状态，达到消除疲劳的目的。另外，为了加强练习效果，应在间歇时间内回忆动作过程和技术要领。

（四）确定运动频率

1. 有氧运动的运动频率

在运动处方中，运动频率常常用每周的锻炼次数来表示。运动频率取决于运动强度和每次运动持续的时间。一般认为，每周锻炼 3 或 4 次，即隔一天锻炼一次，这种锻炼的效率最高。最低的运动频率为每周锻炼 2 次。运动频率更高时，锻炼的效率提高并不多，却有增加运动损伤的风险。中小运动量的有氧运动可每天进行。

2. 力量练习的运动频率

力量练习的运动频率确定的依据是，每个部位的肌肉充分锻炼后，要休息 48 小时才能再次进行锻炼。如果每一次都是全身肌肉的锻炼，运动频率则为每周锻炼 3 或 4 次，即隔一天锻炼一次。如果把全身肌肉分成两个部分进行分部锻炼，一天练一个部分，运动频率就是每天锻炼。

3. 拉伸和柔韧性练习

拉伸和柔韧性练习的运动频率一般为每日 1 次或每日 2 次。

（五）注意事项

为了确保安全，在运动处方中，要根据锻炼者的具体情况，提出相应的注意事项。

1. 有氧运动的注意事项

（1）起始运动强度不能过大，要从靶心率的下限开始。

（2）运动量要从小到大，循序渐进，每一个强度都要充分适应后再加量。

（3）运动量必须始终控制在靶心率的范围内，保证运动处方的有效性和安全性。

（4）要做好充分的准备活动和拉伸放松活动。

（5）以减脂为目的的有氧运动要特别强调运动与科学饮食相结合。

2. 力量性运动的注意事项

（1）力量练习前应做好充分的准备活动。每做完一组练习，都要及时拉伸放松目标肌肉，全部完成后，要做好全身拉伸放松活动。

（2）正确使用器械、设备，确保安全。

（3）练习时动作要正确，要注意引导目标肌肉用力。

（4）在进行大负荷的力量训练时，要给予保护和帮助。

（5）要用正确的呼吸方法，肌肉用力时要屏气，不要憋气。

五、实施运动处方

（一）实施运动处方的步骤

实施运动处方的步骤如下。

（1）由运动处方制订者详细介绍运动处方的内容，使锻炼者充分理解运动处方的目的及意义。

（2）逐项学习、体验运动处方的各项内容，掌握正确的动作方法。

（3）在掌握正确的动作方法的基础上，把运动强度逐步增加到符合运动目的需要的最低强度进行练习，结合自感用力度，对初始运动强度进行调整和确认。

（4）按照确认好的运动强度进行锻炼，并随着锻炼者能力的提高，对锻炼项目的运动强度、运动时间或组数、次数和组间间隔时间进行微调。

（5）一个运动周期后，对运动处方效果进行评价，根据评价调整运动处方内容。

（二）运动处方一次训练课的实施安排

在运动处方的实施过程中，每一次训练课都应包括三个部分，即准备活动部分、基本部分、拉伸和放松部分。

1. 准备活动部分

准备活动部分的主要作用：使身体逐渐从安静状态进入工作（运动）状态，逐渐适应运动强度较大的基本部分的需要，避免循环系统、呼吸系统等突然承受较大运动负荷而引发意外，避免肌肉、韧带、关节等运动器官的损伤。

2. 基本部分

运动处方的基本部分是运动处方的主要内容，是达到健身目的的主要途径。运动处方基本部分的运动内容、运动强度、运动时间等，都应按照运动处方的具体规定实施。

3. 拉伸和放松部分

每一次按运动处方进行锻炼时，都应安排拉伸和放松活动。拉伸和放松活动可以使肌肉的血流量增加，从而使肌肉更快地得到放松和恢复。

（三）运动中的医务监督

在运动处方的实施过程中，应对锻炼者进行医务监督，以确保实施运动处方的安全性。预防健身性运动处方的锻炼者主要是进行自我监督，康复治疗性运动处方的实施应进行医务监督。

在运动处方的实施过程中，预防健身性运动处方的锻炼者的自我监督，应注意对运动强度的监控。一般常采用监控靶心率和自感用力程度相结合的方式。在运动过程中主要观察自己的健康状况和身体功能状态，内容有主观感觉（运动心情、不良感觉、睡眠状况、食欲、排汗量等）和简单的客观检查（心率、体重、运动效果等）。

第四节　常用运动处方的格式及示例

一、运动处方的格式

常用运动处方的格式见表6-4-1。

表 6-4-1　运动处方格式

姓名		性别		年龄		日期	
运动目的							
运动项目							
运动内容							
运动强度							
运动频率							
运动时间							
注意事项							
						开处方者：	

二、常用运动处方示例

（一）减肥塑身运动处方示例

减肥塑身运动处方示例见表6-4-2。

表 6-4-2　减肥塑身运动处方

姓名		性别		年龄		日期	
运动目的	减脂，保持和增强体力						
运动项目	长距离步行或远足、骑自行车、游泳等						
运动内容	① 准备活动 5 分钟，可做髋关节、膝关节的轻微活动；② 交替慢走和快走 20 分钟，或交替快走和慢跑 20 分钟；③ 基础体力活动 15 分钟，仰卧起坐 20 个，俯卧撑 20 个，立卧撑 20 次，抱膝跳 20 个，俯卧两头起 20 次；④ 整理活动 5 分钟，如果是年轻人，可增加一些游戏和球类活动，时间为 20 ~ 30 分钟。以上全部活动共消耗热量 1257 ~ 1672 千焦，相当于体内 50 克左右脂肪所含热量						
运动强度	60% ~ 70% 最大心率或将心率控制在 120 ~ 150 次 / 分						
运动频率	每周 3 或 4 次						
运动时间	每次 30 ~ 60 分钟						
注意事项	锻炼前须做医学检查，判定身体状况；锻炼时感觉轻松或过于吃力，可调节运动内容；以锻炼后第二天不出现明显的疲劳感为度；感到体力不支时，应调整运动量或暂停运动；运动处方必须和营养处方相结合						
						开处方者：	

（二）健骨运动处方示例

健骨运动处方示例见表 6-4-3。

表 6-4-3　健骨运动处方

姓名		性别		年龄		日期	
运动目的	在医务监督条件下，利用科学、合理的运动手段，维持成骨细胞与破骨细胞功能的平衡性，降低骨密度的下降速率，防止骨质疏松的发生和发展						
运动项目	健步走、慢跑等有氧运动，俯卧撑、斜力撑等力量练习						
运动内容	全身运动与骨质疏松和骨折易发生部位（前臂、腰椎、股骨、下肢等）的专项练习相结合，以有氧代谢运动、全身伸展练习和平衡练习为主，同时根据个体的身体状况增加适当比例的力量性练习。尤其应对易骨折部位施以适当刺激，提高骨强度。有氧运动可降低血钙，有抑制骨吸收、增加骨合成的作用，可明显增加骨密度						
运动强度	应根据锻炼者的具体身体状况来定。对于身体健康者，心率一般控制在（220- 年龄）×60%，运动强度相当于 55% ~ 70% 最大摄氧量						
运动频率	每周 3 次以上为最佳						
运动时间	低强度运动，持续时间可以长一些；高强度运动，持续时间可以短一些；对于骨量易丢失人群，保持在 20 ~ 60 分钟为宜。运动一段时间后，锻炼者可以根据个体的自我感觉以及自我疲劳消除情况进行运动时间的调整						
注意事项	在运动开始前要进行 10 ~ 15 分钟的准备活动。在冬季，人体受到冷风的刺激后容易出现肌肉僵硬的现象，准备活动可以降低肌肉的黏滞性，提高身体温度，加速体表的血流量，防止肌肉拉伤。运动结束后，要进行 5 ~ 10 分钟的整理活动，使机体恢复到安静状态，有利于消除机体的疲劳。每天要接受 15 分钟以上的阳光照射，在冬季更应注意						
						开处方者：	

第七章　身体素质练习

第一节　力量素质练习

一、力量素质的练习方法

力量素质是指人体神经肌肉系统紧张或收缩时对抗或克服阻力的能力。这种能力按肌肉收缩的形式可分为静力性力量和动力性力量。

静力性力量是指肌肉做等长收缩时产生的力量。它使肢体维持一定的姿势，肢体关节固定，肌肉长度不变，以改变张力来克服阻力，如体操项目中的支撑、平衡、倒立、悬垂等。

动力性力量是指肌肉做扩张收缩时产生的力量。它使人体相应关节运动，肌肉张力不变，改变长度，产生收缩力来克服阻力，从而产生加速度，如田径、游泳、球类运动等。

在力量素质练习中，确定阻力（负重）大小是关键，如果不系统地进行克服大阻力的练习，肌肉的最大力量就不会增长。采用大重量、少次数、大阻力的练习最有利于发展力量。阻力的大小一般用最大力量的百分数或一次练习中能重复的次数来确定。发展最大力量用能重复 1 ～ 3 次的阻力（相当于本人最大力量的 85% ～ 95% 的强度）进行 3 ～ 5 组练习，组间休息 1 ～ 3 分钟，隔天练习一次效果最佳。

综上所述，力量练习与重量、次数、组数和间歇时长有密切的关系。科学地掌握它们之间的关系，并将其用于指导训练，可收到预期的锻炼效果。

二、力量素质练习负荷的安排

针对不同的锻炼目的，采用不同的重量、次数、组数和间歇时间的组合，能产生不同的锻炼效果。

（1）大重量、少次数、多组数、长间歇：主要用于提高绝对力量。

（2）中大重量、中次数、中组数、中间歇：主要用于增加肌肉围度。

（3）中重量、中次数、多组数、短间歇：主要用于突出肌肉线条。

（4）中小重量、多次数、中多组数、短中间歇：主要用于增强耐力和心肺功能。

（5）小重量、超多次数、多组数、长间歇、合理控制饮食：主要用于减脂。

三、力量素质练习的注意事项 ■■■■■■■■■

在进行力量素质练习时要注意以下事项。

（1）练习前应充分做好准备活动。

（2）力量练习应循序渐进，肌肉力量增长后，必须随之加大负荷。

（3）力量练习应注意安全，避免受伤，练习结束应充分整理放松或者按摩。

第二节　速度素质练习

人体快速运动的能力包括快速地做出运动反应、快速地完成动作、快速地移动三个方面。在大多数运动项目中，这三种形式都会综合表现出来，三者之间既有联系又有区别。进行速度训练应注意以下事项。

一、保持注意力高度集中 ■■■■■■■■■

注意力集中可使神经系统处于适宜的兴奋状态，使肌肉处于紧张待发状态，此时肌肉反应速度比处于放松状态时快 60% 左右。练习者应把注意力集中在所完成动作的反应上，而不是集中在信号上。由表 7-2-1 可见，将注意力集中在要完成的动作上可缩短反应时长，因此短跑选手在听到"预备"口令准备起跑时，一定要将脚紧紧压住起跑器，把思想集中在准备迅速迈出第一步的动作上。

表 7-2-1 注意力与反应时长

动作类型	注意力分配	反应时长／毫秒
感觉型	注意力集中在发出的信号上	160～175
运动型	注意力集中在所完成动作上	100～125
中间型	注意力集中在发出信号和动作上	140～150

二、采用多样化的信号刺激 ■■■■■■■■■

当练习者对信号刺激的反应动作达到熟练程度后，要经常采用多样化的信号刺激，改变刺激的强度和信号发出的时间。这样有利于激发练习者的练习兴趣，改善练习效果，如练习起跑时，可交替使用击掌、吹哨、口令等信号。

三、结合专项特点进行训练 ■■■■■■■■■

不同专项运动员的器官反应能力是不同的，要根据专项运动特点训练运动员的反应速度。例如，乒乓球运动员主要提高视觉反应能力；篮球、排球运动员主要提高视觉、听觉、触觉的反应能力；短跑和游泳运动员主要提高听觉反应能力。

动作速度的训练是为专门的技术动作服务的，而每个专项动作神经网络的建立，都是通过反复练习专项比赛要求的动作程序、动作速度和幅度得以实现的。练习的动作一定要符合专项技术动作要求，练习动作的速度和幅度也一定要与专项比赛动作一致。这样才能将专项运动练习所获得的动作速度直接转移到比赛动作上。

四、合理安排练习顺序与时间 ■■■■■■■■■

应处理好速度素质练习同其他素质练习的关系，合理安排练习的顺序，使各素质间互相促进和良性转移。在速度练习中，常使用发展力量的手段来促进速度素质的发展。但是，力量素质要求神经过程灵敏性高，肌肉收缩用力也大，尤其是静力性力量练习，若动作缓慢，会降低神经过程和肌肉活动的灵敏性。速度素质要求神经过程的灵敏性高，兴奋与抑制迅速转换，肌肉收缩轻松协调。因此，速度素质练习应在力量练习之前进行，力量素质练习也应以动力性力量练习为主。

速度素质练习的时间安排：在大周期中，主要在准备期的后期和竞赛期；在一周中最好安排在小强度训练或调整训练后的第一天进行；在一天或一次训练课中，一般在上午或一堂课的

前半部分进行，最好在练习者身心状态最佳的时候进行。

五、练习时间不宜过长，防止过度疲劳

快速运动需要神经系统产生高强度的神经冲动，高强度的神经冲动维持时间仅为几秒；快速运动主要依靠磷酸原系统供能，磷酸原系统供能的时间一般不会超过10秒，因此速度素质练习时间最好不要超过10秒。另外，过度疲劳也会使运动员中枢神经过程的灵敏性降低，兴奋与抑制的快速转换很难建立，使反应和动作出现迟缓。因此，速度素质训练一定要在个体的精力和体力非常充沛的情况下进行。

第三节　耐力素质练习

耐力素质是指人体在较长时间内进行肌肉活动的能力，也可视为人体在较长时间活动中抵抗疲劳的能力。耐力素质是人体重要素质之一，也是许多竞技项目的重要素质之一，是衡量人体机能与体质的一个重要标志。耐力是人体系统机能、心理素质等方面的综合表现。根据运动需要，耐力分为一般耐力和专项耐力，也可分为全身耐力和局部耐力。从生理学角度来讲，耐力也可分为有氧代谢耐力和无氧代谢耐力。

一、发展肌肉耐力和有氧耐力

发展耐力素质以发展一般肌肉耐力和循环系统的有氧耐力为主。肌肉耐力，是指肌肉承受较长时间工作的能力，即在一段时间里，肌肉群能够持续中等或轻度力量活动的能力。有氧耐力是指人们进行较长时间运动时进行有氧供能的能力。较长时间的耐力训练，可以使人体机能发生一系列变化，较大幅度地改变内脏器官工作的能力，特别是对改善呼吸系统和循环系统的机能有较大的作用。

二、发展耐力素质的练习方法

发展耐力素质经常采用的方法有跑步练习法、力量练习法和竞赛项目练习法等。

（1）跑步练习法。通常采用不同距离的跑（800米及以上距离为中长跑）、越野跑、竞走、登山等。在跑步过程中，可以通过变速跑、反复跑等手段来改善练习效果。通过自我测定心率来控制运动量和负荷。心率一般控制在150次/分左右，练习者要学会按自己的心率来掌握运动量和运动负荷。经过一段时间的练习，要逐步提高速度和加长距离，以提高练习水平。

（2）力量练习法。耐力与力量有着密切的关系，因此发展力量的一些方法也可用来发展耐力，特别是发展肌肉耐力。

（3）竞赛项目练习法。由于耐力是各项运动的基础，许多竞赛项目对发展耐力有着较大的作用。例如，球类项目中足球、篮球、排球、网球、手球，游泳中的长距离项目，田径中的长跑等项目都是发展耐力素质的较好项目。

进行耐力素质练习时，一定要掌握"渐进极限负荷"的原则。所谓渐进极限负荷，就是使人体的负担略超过原来能负担的水平，逐步增加运动量。从人体健康的角度来说，发展耐力素质应以发展全身耐力素质为主。在发展心血管耐力时，要把有氧运动与无氧运动合理搭配。在以有氧运动为主的情况下，适当进行一些无氧代谢的练习，以提高练习质量，但要掌握好适宜的运动强度。强度太大会变成无氧代谢，不利于发展耐力素质；强度太小，不能引起生理变化，收不到预期效果。

第四节　柔韧素质练习

柔韧素质是指关节的肌肉、肌腱、韧带等软组织的伸展能力及弹性，即关节活动的幅度和范围的大小。根据柔韧度和身体状况，柔韧素质可分为动力性柔韧素质和静力性柔韧素质。根据完成柔韧练习时的动作方式，柔韧素质练习可分为主动柔韧素质练习和被动柔韧素质练习。

一、负荷强度

柔韧素质练习一方面反映在用力大小上，另一方面反映在负重多少上。被动柔韧素质练习多是借助教练员或同伴的帮助，辅助用力逐渐加大，练习程度以练习者的自我感觉为依据。如采用负重柔韧练习，负重量一般不能超过拉长肌肉力量所能达到的50%。负重量的确定也与练习的性质有关，在完成静力拉伸的慢动作时，负重量可相对大些；在完成动力性动作时，负重量应小些。

增加强度应当逐步进行，练习时不可用力过猛。训练强度过大会造成练习者精神和肌肉紧张，必然会影响其伸展能力，导致肌肉、肌腱、韧带等软组织损伤。长时间中强度拉伸练习所产生的练习效果优于短时间大强度的练习效果。

二、负荷量

在柔韧性发展阶段和保持柔韧性阶段中，为使不同关节达到最大活动范围，练习的重复次数是不相同的。在柔韧素质练习中，应根据不同关节活动范围的需要来确定发展柔韧性阶段和保持柔韧性阶段练习的重复次数。柔韧素质练习的重复次数还取决于练习者的年龄和性别。青少年练习者在一次课中重复练习的次数比成年练习者少，女性练习者重复练习的次数比男性练习者少。每次动力练习达到最大拉伸状态的持续时间可保持大约10秒，动作时间可稍长。采用静力拉伸练习，当关节伸展到最大限度时，停留在相对固定位置的时间可控制在30秒左右。

三、间歇时间 ■■■■■■■■

柔韧素质练习间歇时间的基本原则是保证练习者在完全恢复的情况下完成下一组练习。恢复与否可根据练习者的自我感觉来确定，当其感觉已恢复并准备好做下组练习时便可开始。此外，练习间歇时间还与练习的部位有关，做躯干弯曲动作后就应比做踝关节伸展动作后的休息时间要长。在间歇休息时间可安排一些肌肉放松练习，或进行一些按摩等，能为下次练习加大关节活动幅度创造有利条件，使训练达到更好的效果。

四、动作要求 ■■■■■■■■

在进行动力拉伸时，一要逐渐加大动作幅度，使肌肉、肌腱、韧带等尽量被拉长；二要充分利用肌肉退让工作，使肌肉被逐渐拉长。柔韧素质练习的动作速度包含用缓慢的速度拉伸肌肉和用较快的速度拉伸肌肉。在训练时多用缓慢的速度拉伸肌肉，而比赛中又多是以急剧的方式拉伸肌肉，因此在保持柔韧素质阶段，练习者可采用一些速度较快的练习，以适应比赛需要。

第五节　灵敏素质练习

灵敏素质是多种运动技能和身体素质在运动中的综合表现，是一种较为复杂的素质。它既与神经的灵敏性反应有关，又与力量、速度、协调能力等有密切关系。可以说，灵敏素质是一项综合性素质。

一、灵敏素质训练 ■■■■■■■■

（一）灵敏素质概述

灵敏素质是指人体在复杂的条件下，快速、准确、协调地变换身体姿势、运动方向和随机应变的能力，它与速度、力量、体型、疲劳度、神经活动类型等因素有关。对大多数的运动员而言，灵敏是一项相当重要的运动能力，有时甚至是决定比赛成绩的关键所在。例如，要想做好篮球运动中的过人、拳击中的闪身、羽毛球运动中的米字形步法等动作，都需要运动员具备良好的灵敏素质，才能将技术发挥得更好。灵敏素质除了对运动相当重要之外，对日常生活来说，也有其不可忽视的价值。例如，下楼梯一脚踩空或是过马路时面对突如其来的汽车，这些情境都可能会因为当事人具有优异的灵敏素质，而使身体避免受到更大的伤害。

灵敏素质的测验包括立卧撑测验、折返跑测验、侧滑步倒跑测验、灵敏跑测验、穿梭跑测验、来回奔跑测验、8字跑测验、侧跨步测验、象限跳测验等。

（二）灵敏素质的锻炼原则

发展灵敏素质首先要发展基本技术、基本技能，然后在复杂的情境中进行练习，借以提高分析、判断和运用反应的灵敏程度。灵敏素质在儿童、青少年时期发展较快，此时可增加灵敏素质练习。

进行灵敏素质的锻炼时，应把握下列原则，以求达到较佳的锻炼效果。

（1）持续时间以20秒内为佳。灵敏性的发挥，需要通过最快速度来表现，因此练习的持续时间不宜过长，以使动作能在最高的强度下进行。

（2）要不断地改变方向。灵敏性主要包含起动、急停、迅速改变方向三个方面。在锻炼的设计中，改变方向是极为重要的因素，如果缺乏此因素，锻炼会趋向于速度锻炼，而无法锻炼灵敏素质。

（3）要反复地练习。正所谓熟能生巧，通过反复练习，不但可以减少面对复杂情况的反应时间，而且可以促进神经、肌肉的协调，使动作更加流畅。

（4）要考虑运动的特殊性。如果练习者是为了针对某专项运动的灵敏素质而进行锻炼，那么在锻炼时，应以趋近于该项运动的实际比赛情况来作为锻炼设计的主轴。例如，运动中羽毛球场上的米字形步法锻炼，除了可以增强灵敏素质之外，也直接提高了球员在步法技术上的熟练度，对其日后在球赛上的帮助会更大。

（5）避免在疲劳的情况下进行锻炼。灵敏素质训练的动作过程要求必须是最高的强度，因此，在疲劳时锻炼，不但锻炼效果不佳，而且容易导致运动伤害。

除了上述的灵敏性锻炼原则之外，其他针对肌力、速度、爆发力、协调性及反应时间的锻炼，也可间接地帮助加强灵敏性。

二、协调能力训练 ■■■■■■■■■

（一）协调能力的概念

协调能力是指人的机体的各部分活动在时间和空间上相互配合、合理有效地完成动作的能力，也可以说是迅速改变身体或身体某一部分的运动方向的能力。人体的协调能力是几种身体素质结合而成的，包括力量、反应时间、运动速度、爆发力等，它能够和谐地将人体运动的时间、规律和顺序三个方面调和在一起。在变向跑、急停、起动等活动中以及迅速改变身体位置时，协调能力显得尤为重要。

（二）协调能力的发展途径

协调能力虽然受遗传的影响很大，但经过后天的努力仍可提高，尤其是在肌肉和动觉的协调方面。儿童、青少年的协调能力主要是受遗传的影响，随着力量素质、速度素质、耐力素质等的发展，加上神经系统的发育，协调能力在后天也会得到发展。

协调能力的发展途径主要有以下三个方面。

1. 克服肌肉不合理的紧张

肌肉不合理的紧张即"协调性紧张"，其是由肌肉在收缩后不能充分放松引起的。

使紧张的肌肉放松经常与完善动作协调性的任务联系在一起。在练习过程中，除了收缩后未充分放松肌肉或较慢转入放松时的所谓"协调性紧张"以外，经常有多余的肌肉紧张，在非工作状态下也保持着高度肌肉强直。这些紧张形式对竞技运动动作总的结果产生了消极性影响，阻碍了完善的动作技术的形成及完善动作技术的力量和速度，并且由于消耗多余能量，导致运动员提前出现疲劳。培养良好的调节肌肉张力的能力和彻底放松的能力，是一个长期过程，需要多加练习。

2. 提高维持静态姿势和动态姿势稳定性的能力

在多数的运动中，是否能协调、高质量地完成某个动作很大程度上取决于姿势是否稳定，即取决于运动员在各种身体位置中保持平衡能力的高低。不同的是，在一些情况下需要保持所谓的静态平衡，如体操中的手倒立和十字支撑、射箭时的瞄准姿势等；在另一些情况下，静态姿势瞬息而过，不断变化，并且在动作过程中，姿势在一定程度上也稍有改变，但同时保持着总的平衡，即所谓的动态平衡，如花样滑冰的空中旋转动作、篮球中后仰跳投动作、足球中的头球动作等。根据生理学研究，姿势稳定性是通过姿势—紧张反射和在已获得的动作协调形式的基础上，在感受器的综合参与下，通过对姿势的随意调节来保障的。无论在静态的还是动态的练习中，提高身体平衡能力可以很好地促进协调能力的发展。

3. 提高空间感觉和动作的空间准确性

具有积极运动活动特点的所有竞技项目都要求参与者正确评价其行动的空间条件，如在与其他运动员相互作用时评价距离、场地尺寸、障碍物尺寸等，并根据判断的结果恰当地用力。在大多数运动项目中，空间感觉不是消极的，而是在各感受器综合发挥功能的基础上，直接与调节动作的空间参数相联系。当运动员不仅能评价，而且能准确遵守行动的空间条件，并相应地调节自己的动作的时候，才能说运动员具有完善的空间感觉。人们在运动中的空间感觉的准确性是与技战术练习和身体锻炼过程中动作准确性的完善相一致的，并且是在其基础上形成的。这就要求参加运动者根据自身情况和运动项目的实际特点，有针对性地提高空间感觉和动作的空间准确性。

第八章 运动与营养

第一节 营养素

生命的存在、有机体的生长发育、各种生理活动及体力活动的进行，都有赖于体内的物质代谢过程。体内进行新陈代谢必须不断地从外界获得新的物质，而新的物质主要从食物中摄取。营养指人体吸收、利用食物或营养素的过程，也是人体通过摄取食物以满足机体生理需要的生物化学过程。营养素指能在体内被消化吸收、供给热能、构成机体组织和调节生理机能，使身体进行正常物质代谢所必需的物质。人体所必需的营养素有蛋白质、脂肪、碳水化合物、维生素、无机盐、膳食纤维和水七大类。

一、蛋白质

（一）生理作用

1.构成人体组织与修补人体组织，促进生长发育

蛋白质是构成组织和细胞的主要成分，人的骨骼、大脑、神经、皮肤、肌肉、内脏、血液，甚至指甲、头发，都是以蛋白质为主要构成成分的。在人体组织的发育成长、更新及损伤后人体组织的新生修复过程中，蛋白质都起着重要的作用。蛋白质占人体重量的18%，平均每天约有3%的蛋白质被更新。因此，人体每天都需要摄取一定量的蛋白质，而在生长发育期、疾病和手术后的恢复期，人体则需要更多的蛋白质。

2.构成机能物质

人体有许多具有重要生理作用的物质，也是以蛋白质为主要组成成分或由蛋白质提供必需的原料，如对代谢过程具有催化作用和调节作用的酶和激素、承担氧运输和储存的血红蛋白及肌红蛋白、维持渗透压的血浆蛋白、发挥免疫作用的抗体蛋白、血液中具有缓冲作用的缓冲

碱、进行肌肉收缩的肌纤凝蛋白、构成机体支架的胶原蛋白等。因此，蛋白质是生命存在的重要形式，也是生命活动的物质基础。

3. 增强机体抵抗力，构成抗体

机体抵抗力的强弱，取决于抵抗疾病的抗体数量的多少。抗体的生成与蛋白质有密切关系。近年来逐渐为人们所熟知的干扰素也是一种碳水化合物和蛋白质的复合物。

4. 调节渗透压

正常人体内血浆中的水与组织液中的水不停地交换，却保持着平衡，这与血浆中的电解质总量和蛋白质胶体浓度有关；在组织液与血浆的电解质浓度相等时，两者间水分的分布就取决于血浆中白蛋白的浓度。若膳食中长期缺乏蛋白质，血浆蛋白的含量便会降低，血液内的水分便会过多地渗入周围组织，造成营养不良性水肿。

5. 供给热能

虽然蛋白质的主要功能并非供给热能，但陈旧的或已破损的组织细胞的蛋白质，也会不断地被分解，并释放能量。另外，在人们每天从食物中摄取的蛋白质中，那些不符合人体需要或者数量过多的蛋白质也将被氧化分解而释放能量。因此，蛋白质也可以供给部分热能。每克蛋白质在体内氧化时可产生 16.7 千焦的热能，人体每日热能的 5%～10% 来自蛋白质。

6. 增强神经系统功能

神经传导、信息加工及思维活动都有蛋白质的参与。蛋白质可明显地影响大脑皮质的兴奋和抑制过程。在婴幼儿大脑发育时期，若蛋白质供给不足，则会使脑细胞数量减少，影响其智力发育。

（二）供给量与来源

一个人一天需要补充的蛋白质的量，应根据其年龄、性别、劳动强度和健康状况来定。一般成年人每天每千克体重需要 1.0～1.5 克蛋白质；青少年、孕妇、哺乳期妇女每天每千克体重需要 1.5～3.0 克蛋白质；患病情况下可根据患者的病情相应增减蛋白质的补充量。

补充蛋白质，仅考虑蛋白质的数量是远远不够的，还须注意蛋白质的质量（营养价值）。

人体所需蛋白质来源于动物性食物和植物性食物。动物性食物常指瘦肉、鱼类、奶类、蛋类等，这些属于优质蛋白质来源，其营养价值一般高于植物性食物。植物性食物常指米、面、大豆、蔬菜等，除大豆、芝麻、葵花籽等是优质蛋白质来源外，其余植物性食物均不含优质蛋白质。在植物性食物中，虽然谷类的蛋白质含量不高，但其重要性不可忽视。在植物性食物中，大豆的蛋白质含量高达 40%，是植物性食物中蛋白质含量最高的食物，而且营养价值高，是优质蛋白质的重要来源。

二、脂　肪 ■■■■■■■■■

（一）生理作用

1. 供给热能并维持体温

脂肪是供给热能的主要营养素，1克脂肪在体内氧化可产生38千焦的热量，其产生的热量是碳水化合物和蛋白质产生的1.52倍。脂肪被吸收后，一部分被利用消耗，另一部分则储存于体内，当机体代谢需要时，可释放能量。皮下脂肪还能使体内温度不易外散，有助于维持体温和御寒。

2. 构成组织细胞

脂肪（主要是磷脂、胆固醇等）是构成脑和神经组织的主要成分。组织细胞的各种膜——细胞膜、细胞器膜等，都是由脂类物质与蛋白质结合而成的。

3. 促进脂溶性维生素的吸收

维生素A、维生素D、维生素E、维生素K等不溶于水，只有溶于脂肪中才能被人体吸收和利用，这些维生素即为脂溶性维生素。因此，摄取脂肪能使食物中的脂溶性维生素溶解于脂肪中，使之随同脂肪一起被人体吸收。

4. 供给必需脂肪酸

人体所需的必需脂肪酸主要靠膳食中的脂肪提供。

5. 促进食欲，增加香味

油脂烹调食物时，其特有的香味能增进人们的食欲。

6. 增加饱腹感

脂肪在进入十二指肠后，能刺激十二指肠产生肠抑胃素，使脂肪在胃中滞留时间较长，约3.5小时，能延迟胃的排空，有助于抑制饥饿感。

7. 防护作用

分布于腹腔、皮下、肌纤维间的脂肪有保护脏器、组织及关节的作用。

（二）供给量与来源

就脂肪的摄入量而言，成年人每天的摄入量应占总热量的20%～25%，即60～80克。在寒冷条件下可增加脂肪的摄入量，在炎热环境下应适当减少脂肪摄入量，为避免能量消耗过大，重体力劳动者可适当增加脂肪摄入量。考虑到脂肪酸对人体健康的影响，摄入脂肪不仅要考虑量，还要考虑质，即不饱和脂肪酸应多一些，饱和脂肪酸应少些。膳食中的饱和脂肪酸、单不饱和脂肪酸与多不饱和脂肪酸供给量的比例以1：1：1最为合理，也有人认为以1.25：1.5：1为宜，这就意味着要增加不饱和脂肪酸的摄入，多食用植物油。人们从植物油中获取的脂肪应占脂肪摄入总量的2/3，随着年龄的增大，动物油的摄入量应逐步减少。

脂肪按其食物来源可分为动物性脂肪和植物性脂肪。

1. 动物性脂肪

动物性脂肪是指由动物组织和动物资源分离出来的脂肪，主要含饱和脂肪酸。饱和脂肪酸的熔点较高，一般呈固态，容易凝固、沉积在血管壁上，可导致动脉硬化。动物脂肪中有较多的胆固醇，虽然它在人体内有重要的生理作用，但中老年人血液中胆固醇含量过高，容易引发动脉硬化、高血压等疾病。因此，中老年人应少吃动物性脂肪。供给机体脂肪的动物性食物主要有猪油、牛油、鱼油、奶油、蛋黄油等。此外，蛋黄、瘦肉以及动物的脑、肝、肾等内脏虽然含磷脂丰富，但也含有较多的胆固醇，中老年人应该少吃。

2. 植物性脂肪

植物性脂肪主要含有不饱和脂肪酸，熔点都比较低，在室温下呈液态，不容易凝固和沉积在血管壁上。植物油不含有胆固醇，而含有豆固醇、谷固醇等植物固醇。植物固醇不但不能被人体吸收，还能阻止人体吸收胆固醇。供给机体脂肪的植物性食物有花生、大豆、芝麻、菜籽等油料作物榨取的油类。植物油中的橄榄油、花生油和菜籽油中的不饱和脂肪酸、多不饱和脂肪酸与饱和脂肪酸的含量接近，即使长期食用，对动脉硬化也无明显影响。

三、碳水化合物

（一）生理作用

1. 供给热能

碳水化合物是人体热能最主要和最经济的来源，是各种不同类型糖的总称。每克碳水化合物在体内氧化可产生16.7千焦的热量，每日膳食中热能供给量的60%～70%来自碳水化合物。碳水化合物在供能上有许多优点，如比脂肪和蛋白质更容易被消化吸收，产热快，耗氧少，在无氧的情况下也可分解供能。

2. 保护肝脏

碳水化合物除了供给热能，还有保护肝脏及解毒的作用。肝糖原含量高时，生成的葡萄糖醛酸对四氯化碳、酒精、砷等有较强的解毒作用。另外，它对能造成毒血症的各种细菌也有较强的抵抗力。从这个意义上来讲，摄入足量的碳水化合物，使肝脏合成充足的糖原，可保护肝脏免受有害物的损害，并保持肝脏的正常解毒功能，对身体健康是有益的。

3. 构成组织

碳水化合物存在于一切组织的所有细胞中（如构成细胞膜的糖蛋白，构成结缔组织的黏蛋白），含量占人体细胞总量的2%～10%。另外，碳水化合物和磷酸、碱基组成的核糖核酸和脱氧核糖核酸是构成细胞质和细胞核的重要成分。碳水化合物和蛋白质结合生成的糖蛋白是软骨、骨骼和眼球的角膜、玻璃体的组成成分。

4. 抗生酮作用

当碳水化合物供给不足时，脂肪则会因氧化不全，产生过量的酮体。酮体是酸性物质，在体内积存过多可引起酸中毒。脂肪在体内代谢时产生的乙酰基必须与草酰乙酸结合，进入三羧酸循环中才能被彻底氧化，而草酰乙酸的形成是葡萄糖在体内氧化的结果。因此只有在一定量碳水化合物存在时，才能彻底氧化脂肪，不致产生过量的酮体。由此看出，碳水化合物有抗生酮作用。

5. 维持中枢神经的机能

大脑的能量代谢极强，虽然大脑重量仅为体重的 2%，但其能量消耗却占全身基础代谢的 25%。脑组织无能量储备，全靠血糖供给能量，每天需要 100～120 克葡萄糖。碳水化合物是大脑唯一的能源物质，血糖水平正常才能保证大脑的功能正常发挥。当血糖含量下降到正常值以下时，脑组织的供能物质不足，可发生头晕、昏厥等低血糖症状。

6. 节省蛋白质的作用

碳水化合物有利于机体的氮储留。蛋白质以氨基酸的形式被吸收，并在机体内合成组织蛋白质或其他代谢产物，这些过程均需要消耗能量。例如，摄入蛋白质并同时摄入碳水化合物，可增加三磷酸腺苷的形成，有利于氨基酸的活化及合成蛋白质，使氮在体内的储留量增加。因此，供给充足的碳水化合物可以节省蛋白质。

（二）供给量与来源

碳水化合物的主要生理功能是供给热量。一个人一天需要的碳水化合物的量，应根据人体每天需要的热量而定。人体每天需要的热量同年龄、性别、体型、生活方式、健康状况、劳动强度等密切相关。在同样的生活条件和劳动条件下，若个人的年龄、性别、体型等存在差异，则其所需要的热量也有所差别。

从年龄角度而言，按每千克体重计算，正在生长发育的儿童和青少年需要的热量比成年人要多，人过中年后，所需热量相应减少一些。成年人的热量供给标准是随年龄的增长而递减的，如体重分别为 53 千克、63 千克的女子和男子，所需热量与 18～39 岁时的相比，40～49 岁时减少 5%，50～59 岁时减少 10%，60～69 岁时减少 20%，70 岁以上时减少 30%。

按照我国人民的膳食习惯，每天应摄入的碳水化合物以占所摄入总热量的 60%～70% 为宜。例如，人体所需热量为 12552 千焦，则每天应摄入的碳水化合物的热量达 7531～8159 千焦为宜，即每天摄入 450～488 克碳水化合物为宜。

碳水化合物的来源很广，各种粮食、根茎类食物等都含有大量的淀粉和少量的单糖和多糖，蔬菜和水果除含有少量单糖外，还含有纤维素和果胶。此外，蔗糖是最普遍的食用糖。近年来，有研究成果表明，肥胖、糖尿病、心血管疾病等都与蔗糖摄入过多有关。因此，蔗糖的摄入不应超过总热量的 10%。

四、维生素

维生素是维持人体生命正常代谢和功能所必需的一种营养素，是化学成分均为低分子有机化合物。人体不能合成维生素，必须从食物中获得。维生素不能为机体提供热能，也不是机体的构成物质。虽然机体对维生素需要量很少，但其各有重要的生理功能。当机体中某种维生素缺乏时，会引起代谢紊乱并出现相应的病理症状，这被称为维生素缺乏症。

在维生素的化学结构被研究清楚之前，维生素的命名一般是按其被发现的前后顺序来定的，即在维生素之后加上 A、B、C、D 等字母，如维生素 A、维生素 B、维生素 C、维生素 D 等。此外，初发现时，人们以为是同一种的维生素，其后发现是几种混合存在的，就在字母右下方注上 1、2、3 等加以区别，如维生素 A_1、维生素 A_2 等，但这种命名系统正逐渐被基于它们的本质或生理功能的命名方式取代，出现了如硫胺素（维生素 B_1）、烟酸（维生素 B_3）、生育酚（维生素 E）、抗坏血酸（维生素 C）等名称。

维生素的种类繁多，结构各异，生理功能也各不相同，通常按其溶解性质分为脂溶性维生素和水溶性维生素两大类。脂溶性维生素包括维生素 A、维生素 D、维生素 E、维生素 K。脂溶性维生素只溶于有机溶剂而不溶于水，在吸收过程中随脂类一同被吸收，可储存于脂肪组织和肝脏中，过量可引起中毒。水溶性维生素有 B 族维生素（维生素 B_1、维生素 B_2、维生素 B_3、维生素 B_6、维生素 B_{12}、泛酸、叶酸、生物素）、维生素 C 等，易溶于水，在食物清洗、加工、烹调过程中处理不当易损失，在体内仅有少量储存，易被排出体外。维生素的生理功能、缺乏症、日需量及来源见表 8-1-1、表 8-1-2。

表 8-1-1　脂溶性维生素的生理功能、缺乏症、日需量及来源

名　称	生理功能	缺乏症	成年人日需量	来　源
维生素 A（视黄醇、β–胡萝卜素）	维持正常视力；防癌；促进骨骼、牙齿正常发育	夜盲症、干眼症	2500 国际单位	动物肝脏、菠菜、胡萝卜等
维生素 D_3（胆钙化醇）	促进肠道钙、磷吸收；促进生长和骨骼钙化	佝偻病（儿童）、软骨病（成年人）	100 国际单位	鱼肝油、肝、乳制品、蛋黄等
维生素 E（α–生育酚）	与生殖机能有关；抗氧化作用；防止肌肉萎缩	人类未发现典型缺乏症	10 毫克	植物油、蛋类、谷类、干果等
维生素 K（凝血维生素）	促进凝血酶原合成，防止出血	凝血时间延长；皮下、胃肠道出血	1 毫克	肝、绿色蔬菜

表 8-1-2　水溶性维生素的生理功能、缺乏症、日需量及来源

名　称	生理功能	缺乏症	成年人日需量	来　源
维生素 B_1（硫胺素）	促进糖的氧化；增进食欲	脚气病、肠道功能障碍	1.2 毫克	谷物外皮及胚芽、酵母、豆类
维生素 B_2（核黄素）	参与生物氧化	舌炎、唇炎、口角炎等	1.8 毫克	肝、蛋黄、黄豆、绿色蔬菜
维生素 B_3（烟酸）	参与生物氧化，维持皮肤健康	糙皮病	19.8 毫克	谷类、花生、酵母、肉类
维生素 B_6（吡哆素）	与蛋白质、脂肪代谢的关系非常密切	脂溢性皮炎、肌肉无力	1.6 毫克	蛋黄、谷类、豆类、肝

名　　称	生理功能	缺乏症	成年人日需量	来　　源
维生素 B_9（叶酸）	与蛋白质核酸合成、红细胞及白细胞成熟有关	巨幼红细胞性贫血	0.2 毫克	肝、酵母、绿色蔬菜
维生素 B_{12}（钴胺素）	促进甲基转移、核酸合成以及红细胞成熟	巨幼红细胞性贫血	2 微克	肝、肉类、鱼等
维生素 H（生物素）	参与体内二氧化碳的固定	人类未发现典型缺乏症	0.1 毫克	动植物及微生物
维生素 C（抗坏血酸）	参与体内氧化还原反应，参与细胞间质形成	坏血病	60 毫克	新鲜水果和蔬菜

五、无机盐

人体内含有的各种元素，除了碳、氢、氧、氮主要以有机化合物形式存在外，其余各种元素统称无机盐。人体内无机盐的种类很多，约占体重的 5%，是构成机体组织和调节生理机能的重要物质。其中，含量较多的有钙、镁、钾、钠、磷、硫、氯 7 种，被称为常量元素。其他如铁、碘、氟、硒、锌、铜、钼、锰、铬、镍、钒、锡、硅、钴 14 种元素含量很少，被称为微量元素。

人体内不能合成无机盐，只能通过食物来补充。在人体物质代谢中，每天有一定量的无机盐经各种途径被排出体外，因此人必须不断地从食物中补充无机盐。无机盐在食物中分布很广，一般都能满足机体需要。其中，身体较易缺乏的元素是钙、铁、碘、锌和硒。

无机盐是构成人体最基本的物质，也是各种元素在体内生化代谢的表现。它们的主要功能可概括为以下几方面。

（一）构成骨骼和牙齿的主要成分

钙、磷是骨骼和牙齿中必不可少的成分，镁也是组成骨骼的成分，氟在人体内的需要量虽然不多，但也是骨骼和牙齿中不可缺少的成分。

（二）构成软组织的重要成分

无机盐还是构成软组织的重要成分。例如，铁是血红蛋白、肌红蛋白、细胞色素和某些酶的主要成分，也是肌肉、肝、脾和骨髓的组成成分，铁缺乏时，人体血液的供氧能力减弱。

（三）调节生理机能

钠、钾共同维持体内正常的渗透压、酸碱平衡及体内水分的保留。碘是合成甲状腺激素的主要成分，可调节和控制机体的基础代谢，促进体内的氧化作用。钙是维持所有细胞功能正常的物质，如心脏的正常搏动、肌肉神经正常兴奋的传导和适宜性的维持，都必须有一定量的钙离子存在。如果血钙含量下降，则会使神经肌肉的兴奋性增强。

（四）参与免疫机能的形成

现代研究认为，锌、锡、铁、铜、锗等元素与机体免疫水平有密切关系，如锌有激活胸腺肽、增强免疫反应和增加T淋巴细胞的作用。缺锌时会使胸腺明显萎缩，T淋巴细胞数量减少，功能降低，细胞免疫力减退。硒有促进体内抗体形成的作用。

（五）维持组织的正常兴奋性

神经肌肉的兴奋性与某些离子在血液中所占比例有关。钠离子、钾离子在血液中所占比例升高，可提高神经兴奋性。钙离子、镁离子在血液中所占比例升高，则可降低神经肌肉兴奋性。心肌细胞的兴奋性升高与钠离子、钙离子所占比例升高有关，钾离子、镁离子所占比例升高，则心肌细胞的兴奋性降低。

（六）保护人体细胞不发生癌变

近年来研究发现，癌症患者体内存在着微量元素的平衡失调现象，如肺癌与患者体内锌、硒含量低，而铬、镍含量高有关，肝癌与患者体内锰、铁、锌含量低，铜含量高有关。硒具有调节癌细胞的增殖、分化的作用，可抑制体内癌细胞的浸润、转移，以延缓肿瘤的复发。铜元素可直接杀伤癌细胞，又可抑制癌细胞脱氧核糖核酸的合成，并能促进癌细胞的诱导分化。科学家发现，锗能促进抗癌因子产生，能诱导分泌白细胞介素-3和干扰素，增强机体抗癌防御功能，抑制肿瘤的生长和扩散。

（七）延缓机体衰老过程

人体的过氧化导致细胞被破坏、衰老，而锌、硒、铜、锰等元素具有清除导致细胞老化的过氧化物质的作用，锰、铜、锌还是超氧化物歧化酶的重要成分，这种酶能破坏自由基，发挥抗衰老作用。硒的主要功能是增加谷胱甘肽过氧化物酶的活性，从而达到延缓衰老的目的。一些无机盐的生理功能、缺乏症、日需求量及来源见表8-1-3。

表 8-1-3　人体某些必需无机盐的生理功能、缺乏症、日需求量和来源

元　素	生理功能	缺乏症	日需求量	来　源
钙	构成骨骼、牙齿的成分，维持神经肌肉的兴奋性，参与血凝	软骨病、肌肉痉挛、流血难止	成年人800毫克，少年1000毫克，儿童600毫克	乳品、虾米、豆类、蔬菜
磷	构成骨骼、牙齿、核酸的成分，酶的组成成分，参与物质和能量代谢	软骨病、食欲不振	成年人400毫克	动物性食品
钾	维持细胞渗透压，维持体内酸碱平衡，加强肌肉兴奋性，参与蛋白质、碳水化合物的代谢	倦　怠	成年人4克	谷类、豆类、天然食品

续 表

元 素	生理功能	缺乏症	日需求量	来 源
钠	维持细胞渗透压，维持体内酸碱平衡，加强肌肉兴奋性	厌食、眩晕、倦怠、无力、血压降低	成年人 5 克	食 盐
氯	胃酸的主要成分，维持细胞渗透压，维持体内酸碱平衡，唾液淀粉酶激活	食欲不振	成年人 5 克	食 盐
镁	多种酶的活性剂，维持神经肌肉兴奋性，参与体内蛋白合成	肌肉震颤、心跳过速、情绪不安	成年人 200～300 毫克	谷类、豆类、蔬菜等
铁	血红蛋白组成成分，运输氧、二氧化碳	缺铁性贫血	成年男性 12 毫克，成年女性 18 毫克	肝、菌类、藻类、蛋黄、豆类
碘	甲状腺素成分，促进代谢和生长发育	甲状腺肿、生长迟缓、智力低下	成年人 100～140 毫克	海带、紫菜、海产品
锌	参与核酸、蛋白质代谢	生长停滞、厌食、青少年期性发育不全	成年人 10～15 毫克	动物性食物、谷类
铜	促进铁吸收利用、参与物质氧化	贫血、生长迟缓、情绪容易激动	成年人 2 毫克	饮用水、各种食物
硒	抗氧化作用、保护细胞膜	克山病	成年人 50 微克	谷物、蔬菜
氟	构成牙齿、骨骼的成分，预防龋齿	儿童、成年人骨质疏松症	成年人 1.5 毫克	饮用水

六、膳食纤维

膳食纤维是一类多聚物的混合体，是不被人体肠道分泌物消化的植物成分，包括纤维素、半纤维素、木质素、果胶、黏液、树胶等。它们虽然不能被机体消化和吸收，却是人体必需的一类营养素，有利于营养物质的消化吸收，具有预防多种疾病的作用。

（一）生理作用

1. 产生饱腹感

膳食纤维进入消化道后，在胃内吸水膨胀，使人产生饱腹感，延缓胃的排空速度，降低小肠对营养素吸收的速度，可以抑制多食并抗饥饿，有助于糖尿病患者和肥胖者成功地控制饮食量。

2. 降低血脂

膳食纤维进入人体后，能与胆汁酸、胆固醇等结合成不被人体吸收的复合物，阻断胆固醇和胆汁酸的肠肝循环，减少肠道对胆固醇的吸收，从而促进胆汁酸和胆固醇随粪便排出，降低血胆固醇水平，有助于预防冠心病和胆石症。此外，膳食纤维还具有结合锌的能力，从而降低锌铜比值，对心血管系统有保护作用。

3. 降糖作用

纤维素进入胃肠道后，可如同海绵一样吸水膨胀呈凝胶状，增加食物的黏滞性，延缓人体对食物中葡萄糖的吸收。另外，膳食纤维还可增加胰岛素的敏感性，减轻胰岛素的抵抗，增强胰岛素的降糖作用。

4. 清除肠道内的"垃圾"和毒素

结肠癌和直肠癌的发病率与膳食纤维摄入量呈负相关。膳食纤维在肠道内就像"清道夫"，能够不断地清除肠道内的"垃圾"和毒素，将有害物质排出体外，减少某些致病因子对大肠的刺激，同时减少大便滞留于人体内时间，减少有害物质被吸收，防止其对肠黏膜的毒害。膳食纤维可改良肠道菌群，使有益的细菌增加，减少某些致癌物的产生和活化，从而降低肠癌的发病率。

5. 降低龋齿和牙周病的发病率

膳食纤维增加了口腔咀嚼时间，也能刺激唾液的分泌，这增加了体内酸的缓冲能力，也有利于口腔和牙齿的清洁。另外，口腔在咀嚼富含纤维素的食物时，由于纤维素对牙齿和牙龈组织反复地摩擦，能按摩牙龈组织，加强血液循环，维护牙龈组织的健全。纤维素还能清除牙面残留的糖、蛋白质，降低龋齿的发生率。

膳食纤维虽然有益于人体健康，但也不宜摄入过多，原因是膳食纤维虽然能使肠胃减少对一些有害物质的吸收，但也会导致其减少对一些营养素的吸收。另外，膳食纤维对消化道有刺激作用，会加重胃肠溃疡患者的病症。

6. 利于消化，防止便秘

膳食纤维可以不经消化就进入大肠，而且其所含的纤维素、果胶对水有强吸附作用，故能使粪便变软，体积增大，从而刺激肠蠕动，有助于排便。

（二）供给量与来源

中国营养学会推荐的成年人每日膳食纤维摄入量为 25 ～ 35 克。膳食纤维的主要来源是植物性食物，包括谷类、豆类、蔬菜、水果、薯类、菌类、藻类等。

七、水

（一）生理作用

1. 机体的重要成分

人体内的水占成年人体重的 1/3，血液、淋巴、脑脊液含水量高达 90%，肌肉、神经、内脏、细胞、结缔组织含水量达 60% ～ 80%，脂肪组织和骨骼含水在 30% 以下。

2. 参与物质代谢过程

水是良好的溶剂，能使物质溶解，加速化学反应。从物质的消化、吸收、生物氧化到排泄，都需要水的参与。

3. 调节体温

水的比热容高。人体内有充足水分时，血液流经体表部位时，不会因环境温度的差异而发生大的温度改变，有利于体温保持稳定。此外，水的蒸发可以散热（排汗）。在炎热季节或环境温度较高时，人体能通过蒸发体内水分来维持正常体温。

4. 促成体内物质的运输

水的流动性大，在人体内形成体液，循环运输物质。

5. 保持腺体的正常分泌，起到润滑的作用

各种腺体分泌物的主要成分是液体，若缺乏水，其分泌就要受到影响。水作为关节、肌肉和脏器的润滑剂，能维护其正常功能，如泪液可防止眼球干燥，关节液可减小运动时关节之间的摩擦。

（二）需要量与来源

体内的水分必须保持衡定。正常情况下，体内水分的摄取量与消耗量是平衡的。体内既不能储存多余的水分，也不能缺水。多余的水分会被排出体外，机体缺水时若不及时补充，则会影响正常的生理机能。

正常成年人，一天通过排尿、体表蒸发等途径排出的水分为 2000 ～ 2500 毫升，因此也需要摄入同样的水量，即 2000 ～ 2500 毫升（饮水 1300 毫升，食物水 900 毫升，代谢中产生的水 300 毫升）。

每个人的需水量还受气候、工作性质等的影响。在高温环境中工作及从事体力工作排汗较多时，需水量较多。能量消耗与需水量成正比，一般每多消耗 4.18 千焦热能，需水 1 毫升。

第二节　平衡膳食

平衡膳食又称健康膳食。平衡膳食是指膳食中所含营养素种类齐全、数量充足、比例适当，且与人体的需要保持平衡，又不会导致摄入热量过多。平衡膳食的目的是促进人体正常生长发育，确保各组织、器官和机能的正常运转，提高人体对疾病的抵抗力，进而提高机体的工作效率，延长寿命。

现代医学研究证明，人类各种疾病的发生，与人体内营养平衡失调有关：心血管病与人体内钾、镁、锌含量低而铜含量高有关；高血压与人体内钠含量高，钾含量低，镁含量不足有关；脑血管病与人体内钙、镁、锌、硒含量不足有关。因此，人体营养平衡是至关重要的。

为给居民提供最根本、最准确的平衡膳食信息，指导居民合理膳食、保持健康，2016 年 5 月 13 日，中华人民共和国国家卫生和计划生育委员会（2018 年改组为中华人民共和国国家卫生健康委员会）疾病预防控制局发布了《中国居民膳食指南（2016）》（以下简称《指南》），自发布之日起实施。《指南》由一般人群膳食指南、特定人群膳食指南和中国居民平衡膳食实践

三个部分组成，同时推出了中国居民平衡膳食宝塔（2016）、中国居民平衡膳食餐盘（2016）、儿童平衡膳食算盘三个可视化图形，指导大众在日常生活中进行具体实践。为方便百姓应用，还特别推出了《中国居民膳食指南（2016）》科普版，帮助百姓做出有益于健康的饮食选择和行为改变。下面只介绍一般人群膳食指南和中国居民平衡膳食宝塔。

一、一般人群膳食指南

一般人群膳食指南适用于 2 岁以上人群，《指南》针对此人群提出了六条核心推荐：食物多样，谷类为主；吃动平衡，健康体重；多吃蔬果、奶类、大豆；适量吃鱼、禽、蛋、瘦肉；少盐少油，控糖限酒；杜绝浪费，兴新食尚。

（一）食物多样，谷类为主

每天的膳食应包括谷薯类、蔬菜类、水果类、畜禽肉、奶及奶制品、蛋类、大豆及坚果类等食物。每天摄入谷薯类食物 250 ～ 400 克，其中全谷物和杂豆类 50 ～ 150 克。平均每天应摄入 12 种以上的食物，每周应摄入 25 种以上的食物。

（二）吃动平衡，健康体重

食不过量，控制总能量摄入，保持能量平衡。各年龄段人群都应天天运动，保持健康体重。坚持日常身体活动，每周至少进行 5 天中等强度的身体活动，累计 150 分钟以上，主动身体活动最好每天 6000 步。

（三）多吃蔬果、奶类、大豆

蔬菜水果是平衡膳食的重要组成部分，奶类富含钙，大豆富含优质蛋白质。保证每天摄入 300 ～ 500 克的蔬菜，其中，深色蔬菜应占 1/2。天天吃水果，果汁不能代替鲜果，保证每天摄入 200 ～ 350 克新鲜水果。吃各种各样的奶制品，相当于每天摄入液态奶 300 克。经常吃豆制品，适量吃坚果。

（四）适量吃鱼、禽、蛋、瘦肉

鱼、禽、蛋和瘦肉的摄入要适量，每周吃鱼 280 ～ 525 克，畜禽肉 280 ～ 525 克，蛋类 280 ～ 350 克，平均每天摄入总量 120 ～ 200 克。优先选择鱼和禽，吃鸡蛋不能弃掉蛋黄，少吃肥肉、烟熏和腌制食品。

（五）少盐少油，控糖限酒

培养清淡饮食习惯，少吃高盐和油炸食品，成人每天食盐不超过 6 克，每天食用烹调油 25 ～ 30 克。控制添加糖的摄入量，每天摄入不超过 50 克，最好控制在 25 克以下。每日反式脂肪酸摄入量不超过 2 克，儿童和青少年、孕妇、哺乳期妇女不应饮酒。成人如饮酒，男性一天饮用酒的酒精量不超过 25 克，女性不超过 15 克。足量饮水，成年人每天饮水 7 ～ 8 杯，约 1500 ～ 1700 毫升，提倡饮用白开水和茶水，不喝或少喝含糖饮料。

（六）杜绝浪费，兴新食尚

珍惜食物，按需备餐，提倡分餐不浪费；选择新鲜卫生的食物和适宜的烹饪方式；食物制备生熟分开、熟食二次加热要热透；传承优良文化，兴饮食文明新风；多回家吃饭，享受食物和亲情；学会阅读食品标签，合理选择食品。

二、中国居民平衡膳食宝塔 ■■■■■■■■

中国居民平衡膳食宝塔是根据《指南》的核心内容，结合中国居民膳食的实际状况，把平衡膳食的原则转化成各类食物的重量，便于人们在日常生活中实行。

（一）中国居民平衡膳食宝塔说明

1. 中国居民平衡膳食宝塔结构

中国居民平衡膳食宝塔（图8-2-1）共
分五层，包含人们每天应吃的主要食物种
类。膳食宝塔各层位置和面积不同，在一定
程度上反映出各类食物在膳食中的地位和应
占的比例。新的膳食宝塔增加了水和身体活
动的形象，强调足量饮水和增加身体活动的
重要性。

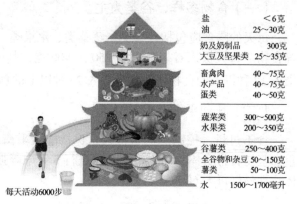

图 8-2-1　中国居民平衡膳食宝塔

2. 中国居民平衡膳食宝塔建议的食物量

中国居民平衡膳食宝塔建议的各类食物摄入量都是指食物可食部分的生重。各类食物的重
量不是指某一种具体食物的重量，而是一类食物的总量。

（二）中国居民平衡膳食宝塔的应用

1. 确定适合自己的能量水平

中国居民平衡膳食宝塔中建议的每人每日各类食物适宜摄入量范围适用于一般健康成年
人，在实际应用时要根据个人的年龄、性别、身高、体重、劳动强度、季节等情况适当调整。

2. 根据自己的能量水平确定食物需要

中国居民平衡膳食宝塔建议的每人每日各类食物适宜摄入量范围适用于一般健康成年人，
按照7个能量水平分别建议了10类食物的摄入量，应用时要根据自身的能量需要进行选择。

3. 食物同类互换，调配丰富多彩的膳食

应用中国居民平衡膳食宝塔可把营养与美味结合起来，按照同类互换、多种多样的原则调
配一日三餐。

4. 要因地制宜，充分利用当地资源

我国幅员辽阔，各地的饮食习惯及物产不尽相同。要因地制宜，充分利用当地资源，有效
地应用中国居民平衡膳食宝塔。

5. 要养成习惯，长期坚持

膳食对健康的影响是长期的结果。应用中国居民平衡膳食宝塔要形成习惯，并坚持不懈，才能充分体现其对健康的促进作用。

第三节　体育运动中的营养补充

一、运动前的营养补充

（一）运动前的食物选择

运动前应以高碳水化合物、低脂肪的食物为主，如面包、米饭、面条、水果等，这些食物容易被消化，又能提供碳水化合物来作为运动时的能量来源。如果运动时间为 60～90 分钟，可以选择升糖指数较低的食物，如水果、脱脂牛奶、米饭、豆类等，这些食物会被缓慢地转化成碳水化合物，能够长时间地给运动中的肌肉供应能量。如果运动时间少于 60 分钟，可以选择高升糖指数的食物，如面包、运动饮料等，这些食物很快就被消化，能够迅速地提供能量。

高纤维的食物需要比较长的时间才能被消化，易引起胃部不适。有些高纤维的食物也富含碳水化合物，如全麦面包、高纤饼干、某些高纤饮料等，如果这些食物使你在运动中感觉不舒服，就应该避免在运动前吃这些食物。

（二）运动前的最佳进食时间

进食的时间因所需参加的运动项目、运动时间的变化和食物的种类而有所不同，总体原则是，确保摄入的食物可以在运动过程中提供充足的营养和能量，而又不至于在运动过程中引起肠胃不适。

从所需要参加的运动项目方面考虑，在进行身体震动比较大的运动时，如打篮球、跑步等，人体对胃内的食物通常比较敏感，少量的食物可能就会令人感到不舒服，这就需要在开始运动前更早的时候进食，或是减少食物的摄取，以减轻不适症状。一般而言，在进行身体震动比较小的运动时，如骑自行车、游泳等，一般不会受到胃中食物的影响，对参加这些运动的人而言，其对进食的时间和食物有较多的选择。

从运动的不同时间方面考虑，进食可按如下安排。

1. 上午 8：00 运动

前一天的晚餐和夜宵必须富含碳水化合物，人体需补充充足的水。经过一夜后，肝脏中糖原的含量已经降低，而在运动前补充碳水化合物可以提高运动能力。在运动前 90～120 分钟应吃少量的早餐，如面包加果酱或水果；避免食用脂肪含量高的食物，如包子、油饼等，它们不容易被消化，会在胃中停留比较长的时间，也无法提供足够的能量。有时牛奶也会造成一些人的肠胃不适。若是习惯吃丰盛的早餐，就需要在运动前 2～3 小时进食，这样机体才有足够的时间消化。如果无法早起，也可以在运动前 10～30 分钟用运动饮料或是一两片面包补充前一晚体内消耗的糖原。

2. 上午 10：00 运动

前一天晚餐必须富含碳水化合物和水分。在当天 7：00 左右吃丰盛且富含碳水化合物的早餐，身体可有 3 小时的时间来消化这些食物。这样既补充了糖原，又不会造成肠胃不适，但是应该避免进食油腻的食物。

3. 午间 12：00 运动

前一天的晚餐必须富含碳水化合物和水分。当天吃丰盛且富含碳水化合物的早餐，若在 8：00 吃早餐，在 11：00 左右可以再吃少量的高碳水化合物点心，如面包、果汁或水果等。若在 9：00 吃早餐，运动前 10～30 分钟可以再补充一些运动饮料。

4. 午后 4：00 运动

前一天的晚餐必须富含碳水化合物和水分。当天早上 8：00 吃丰盛的早餐，中午 12：00 吃富含碳水化合物的午餐，下午 3：00 吃少量高碳水化合物的点心。同时在一天中必须摄取充足的水分，也可以从早晨开始每隔一两个小时喝一大杯果汁，补充并维持体内糖原的含量，运动前 20～30 分钟再以运动饮料做最后的补充。

5. 晚间 8：00 运动

当天吃丰盛且富含碳水化合物的早餐和午餐，下午 5：00 吃丰盛且富含碳水化合物的晚餐，或是下午 6：00 吃少量但是富含碳水化合物的晚餐，避免吃高脂肪的食物，如油炸的食物、肥肉等。运动前 20～30 分钟喝 200～300 毫升运动饮料或果汁。在一天中都要摄取充足的水分。

二、运动后的营养补充 ◼◼◼◼◼◼◼◼

（一）碳水化合物的补充

糖原是运动时的主要能量来源之一，存在于肌肉和肝脏中。肌肉中的糖原只能供给肌肉细胞使用，而肝脏中的糖原能以葡萄糖的形式释放到血液中，供肌肉和身体其他器官使用。体内糖原存量不足以提供运动后所需，是造成身体疲劳、运动能力降低、无法持续运动的原因之一。运动后，体内的糖原存量显著降低，若是没有糖原的补充，下次运动时就会受到糖原不足的影响。

研究显示，在运动后的 2 小时内，身体合成糖原的效率最高，2 小时后则恢复到平常的水平。因此，如果在运动后迅速补充碳水化合物，就可以利用这一自然的高效率时段迅速地补充体内被消耗的糖原。如果下次运动是在 10 小时后，这一高效率时段则特别重要，如果错过这个时段，即使在后续的时间补充了足够的碳水化合物，身体也可能没有足够的时间来完全补充消耗的糖原，使体内的糖原存量一次比一次低，运动后身体越来越容易感觉疲劳。若是下一次运动在 24 小时之后，即使错过这段时间，接下来只要着重于摄取高糖类的食物，仍然有足够的时间补充消耗掉的糖原。

建议在运动后 15 ～ 30 分钟进食 50 ～ 100 克的富含碳水化合物的食物（大约每千克体重需要补充 1 克碳水化合物），然后每隔 2 小时再吃 50 ～ 100 克富含碳水化合物的食物。正餐及其他运动期间的饮食也应该以摄取富含碳水化合物的食物为主。

（二）肌肉和组织的营养恢复

即使是没有身体接触的运动也会造成肌肉纤维和结缔组织的伤害，而一些接触性的运动（如篮球、足球等）则可能造成更多的肌肉损伤。运动后，迅速补充蛋白质有助于修复受伤的肌肉和组织，受伤的肌肉合成和储存糖原的效率也会提高。因此，在参加身体接触性运动或比赛中受伤的运动员，需要补充更多的碳水化合物，更需要把握运动后 2 小时的高效率时段，有效地补充体内消耗的糖原。

常见食品的蛋白质含量见表 8-3-1。

表 8-3-1　常见食品的蛋白质含量

食品名称	蛋白质含量	食品名称	蛋白质含量
猪　肉	13.3% ～ 18.5%	面　粉	11.0%
牛　肉	15.8% ～ 21.7%	大　豆	39.2%
羊　肉	14.3% ～ 18.7%	花　生	25.8%
鸡　肉	21.5%	白萝卜	0.6%
鲤　鱼	18.1%	大白菜	1.1%
鸡　蛋	13.4%	菠　菜	1.8%
牛　奶	3.3%	油　菜	1.4%
稻　米	8.5%	黄　瓜	0.8%
小　麦	12.4%	橘　子	0.9%
玉　米	8.6%	苹　果	0.2%
高　粱	9.5%	红　薯	1.3%

另外，一般计算蛋白质的质量时，还要考虑必需的氨基酸与氨基酸总量的比值。一般认为，成年人所摄入的氨基酸总量中至少需要 20% 的必需氨基酸。（表 8-3-2）

表 8-3-2　单一食物与混合食物的氨基酸值*与缺少的必需氨基酸

食　物	氨基酸值	缺少的必需氨基酸
人　奶	100	无
牛　奶	95	蛋氨酸、谷胱氨酸
鸡　蛋	100	无
牛　肉	100	无
鱼　肉	100	无
精　米	67	赖氨酸
花　生	65	赖氨酸、苏氨酸
甘　薯	63	赖氨酸
木薯粉	56	亮氨酸
一般豆类（不包括大豆）	54	蛋氨酸、谷胱氨酸
玉　米	49	赖氨酸
精白面粉	38	赖氨酸
绿　豆	35	蛋氨酸、谷胱氨酸
混合食物 米（3份）+绿豆（1份） 甘薯（3份）+豆类（1份） 甘薯（8份）+鱼（2份）	 83 73 84	 苏氨酸 蛋氨酸、谷胱氨酸 赖氨酸

注：*根据食物中每克氨基酸的毫克量计算。

三、运动与水的补充

（一）运动与补充水分的重要性

剧烈的运动使身体大量流汗，体内液体流失，电解质也随汗液流失。例如，在夏季进行 4 小时的长跑训练，运动员平均出汗量可达 3000 毫升左右。我国马拉松运动员在比赛时总出汗量为 4000 毫升左右，平均占体重的 4.9%。若在运动前和运动中不补充水分而运动中又大量出汗，就很容易发生脱水现象。体内缺水的主要表现为尿液和体液减少。大约占体重 1% 的水分流失会使运动时的体温和心率明显上升。脱水量约占体重 2% 的为轻度脱水，主要表现是细胞外液减少，身体会丧失调节能力，若没有及时补充所失去的水分，体温可能会持续上升，进而导致体力的丧失。脱水量占体重的 4%～6% 时，肌力及耐力降低，同时引起热痉挛，使机体长时间活动能力下降 20%～30%，亦会影响体内无氧代谢的供能过程。脱水对心血管方面也有影响，会使血浆容量下降，血液渗透压升高。低血浆容量则会导致心输出量下降、排尿量减少、体温升高、血液黏稠度增大及中暑危险增加。水分流失占体重的6%以上时，则有严重热痉挛、热衰竭、中暑、昏迷甚至死亡的可能。这些数据说明，排汗提高了人体的散热能力，但水分及电解质的流失应立即得到补充。因此，运动中或运动后及时补充水分就能防止或降低脱水程度，改善运动能力。

（二）补充水分的原则和途径

运动中水分的补充应以保持水分的平衡为原则，调整体内水及电解质平衡的唯一途径是喝水或功能饮料。在热环境下，正常人不自觉的脱水量为每小时275毫升。长时间进行耐力锻炼的人在热环境下脱水时间越久，其运动能力受到的影响就越严重。因此，在脱水之前就应补充水分，千万不要感到口渴才喝水，当感觉口渴时身体已处于脱水状态了。

在水分吸收方面，胃排空的正常速度是每小时600～800毫升；冷水或温水在胃内排空速率明显高于体温（37℃）水的胃排空速率。运动时喝低温的水对降低体温的效果优于运动前摄取等量水的效果；纯水或低渗透压饮料的胃排空速率高于高渗透压饮料的胃排空速率。因此，在热环境下激烈运动时，补充水分的重要性大于补充碳水化合物及电解质。在持续时间短的运动中，不必特意在饮料中补充电解质，原因是运动中补充电解质会提高由运动引起的高渗透程度。由此可见，在30～60分钟的运动时间中，水是最经济实用的补充液体。

（三）运动不同阶段的补水方法

1. 运动前的正确补水方法

在较长时间的运动过程中，每小时流汗量可能达750毫升，缺水将使身体无法散热，因此在耐力性运动前的2小时最好饮用600毫升左右的水（可分两次喝）。

运动饮料主要为训练和比赛过程中的运动员补充能量、水分、电解质及维生素等，以预防运动员在高强度运动训练下消耗能量过多而引起低血糖，并用以维持身体在大量出汗情况下体内水分和电解质的平衡，防止体内电解质的流失而引起的运动能力降低、心律不齐或肌肉抽筋等现象。另外，有些特殊的运动饮料还可增强体力、耐力及消除疲劳，进而有助于提高运动成绩。目前有研究指出，饮用等渗透压运动饮料比较适宜，原因是其能被身体吸收迅速，而且能使运动员有效地保持运动能力。

2. 运动中的正确补水方法

大部分研究者认为，在运动及比赛期间，每隔15～20分钟饮用200～300毫升的水或功能饮料为较适当的方法。

3. 运动后的正确补水方法

在运动后的恢复期，补充水分和运动前的准备同样重要。即使在运动员休息时正常地补充水分，体内水分依然会以汗水的形式大量流失，肌肉糖原浓度可能也会降低一些，身体会感到虚弱，此时正是恢复过程开始的时候。研究表明，运动后越早开始恢复越好，此时正确补充水分有助于体力的恢复。可在水中添加葡萄糖聚合物及麦芽糊精（容易消化的复合碳水化合物），以增加碳水化合物的含量，补充肌肉糖原含量，缩短恢复期。

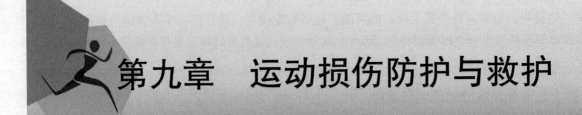

第九章　运动损伤防护与救护

第一节　运动损伤防护的重要性

一、预防运动损伤的发生

在体育活动中，发生运动损伤大都是比较突然的，并不能提前预知。拥有一定的运动保健知识能够使运动损伤的发生率降低，从而减少损伤发生。在体育运动中导致运动损伤的主要因素有不正确的技术动作、不充分的准备活动、较弱的自我保护意识以及凹凸不平的场地等。具备良好的运动损伤防护知识可以使学生认识人体的生理特点，认真进行准备活动，增强自我保护意识，降低运动损伤的发生率。

二、强化体育锻炼的效果

适量的体育锻炼不但可以增强学生的体质，而且能促进学生心理健康，塑造其健全人格。如果运动强度较大，就会导致运动疲劳提前发生，影响身体发育；如果运动强度过低，锻炼的效果就不明显，不利于提升体质水平。因此，科学地运动才是学生进行体育活动的合理方式。学生应掌握运动损伤防护知识，根据自身的实际情况，科学地安排运动时间、运动强度等，从而能达到锻炼的效果。

三、增加学生科学运动知识的储备

加强运动损伤防护知识的学习，学生可以掌握更多的科学运动知识，促使自己认识自身的身体结构，增加科学运动知识的储备。在体育运动中，学生通常会忽略很多细节，从而对身体造成不良影响，甚至有可能出现危险。例如，在早晨空腹的情况下进行长时间的运动，体质较弱的学生很容易发生低血糖，甚至昏厥。

四、促进学生形成终身体育观

学校在进行体育教学时，体育教师除了教授运动技能外，还需要传播运动健康知识。学生通过学习运动损伤防护知识，可以明白体育运动对身体的作用，同时还会提高参与锻炼的积极性，形成终身体育的观念。

第二节　运动损伤防护的基本原则

一、重视准备活动和整理活动

体育运动的过程是人体由静态到动态再到静态的变化过程。准备活动和整理活动就是实现这种变化的过渡手段。

（一）准备活动

1. 准备活动的作用

（1）准备活动能克服机体的生理惰性。人体各器官都具有一定惰性。一般来说，运动器官的发动能力较快些，而内脏器官则需3～5分钟的动员才能进入工作状态。运动前做好准备活动，能确保心血管系统和呼吸系统正常功能的发挥，使机体逐步适应剧烈运动的需要。

（2）准备活动能加速肌肉组织的新陈代谢，提高氧的利用率。准备活动使体温升高，增强了肌肉组织的新陈代谢，进而提高氧的利用率，为人体进入运动状态提供了良好的物质基础。

（3）准备活动能调节运动情绪。节奏快、强度大的练习，可提高锻炼的兴奋性；节奏慢、强度小的练习，可降低过高的兴奋性；适当的准备活动能使人体进入适宜的运动状态。

（4）准备活动能预防运动损伤。准备活动能增强肌肉、肌腱、韧带的弹性和伸展性，使关节滑膜液分泌增多，关节活动范围加大，从而避免运动损伤和肌肉痉挛。

2. 准备活动的要求

准备活动有两种：一种是一般准备练习，如跑步、徒手操等；另一种是专项准备练习，如在打篮球前先做投篮、传球、运球等练习。准备活动的运动量和时间的长短，应根据锻炼的项目、内容、气候变化和自己的身体状况而有所调整。一般以使身体发热或微出汗为宜，使内脏器官、肌肉力量等方面达到适宜工作的状态。

（二）整理活动

1. 整理活动的作用

（1）整理活动有助于人体机能尽快恢复常态。由运动引起的一系列生理、心理变化需要一个逐步恢复的过程，整理活动可促进这一过程的转化。

（2）整理活动是一个轻松、活泼、柔和的活动过程，有助于肌肉的血液畅流，排出二氧化碳，消除代谢产物，以达到减轻肌肉酸痛、消除疲劳的效果。

2. 整理活动的要求

整理活动应着重于全身性的放松，尽量采用轻松、活泼、柔和的练习，活动量逐渐减少，节奏逐步减慢，以帮助呼吸频率和心率下降。特别是在紧张剧烈的运动之后，一定要进行全身放松活动，以免身体受到损伤。整理活动之后，还要注意保暖，以防着凉。

二、重视运动卫生

（一）运动饮食卫生

1. 运动后不宜立即进餐

运动时，大量血液流向运动器官，胃肠器官的血液量相对减少，胃液分泌量亦少，消化系统的功能处于相对的抑制状态。运动后立即进餐，必然影响食物的消化和吸收，长此以往，会导致消化不良或其他消化道疾病。合理的进餐时间一般在运动后 30 分钟。

2. 饭后不宜立即进行剧烈运动

饭后立即进行剧烈运动，不仅易造成消化不良，还可引发腹痛、恶心等症状，也可引发胃下垂等疾病。

3. 合理安排一日三餐

据调查，不吃早餐的人，上午握力减小，神经肌肉震颤增强，血糖降低，易出现注意力不集中、头晕等现象。空腹时间长是引发肠胃病的主要原因。为保证身体营养供给，早餐可增加一些奶类、蛋类食品。午餐一定要吃饱，因为下午的工作量、学习量和活动量都较大。晚餐不应吃得太饱，以免影响晚间的学习、工作效率和睡眠。运动后易产生饥饿感，但用餐时不要狼吞虎咽，更不能暴饮暴食。另外，在比赛前或疲劳时，也不宜吃太油腻的食品。

4. 运动中提倡少量多次的饮水方式

水在人的生命活动中具有重要作用，水占成人体重的 60%～70%。人体与外界环境的交换物质以水为最多。在运动时出汗多，体内缺少水分，必须及时补充，否则会影响人体正常生理机能的活动。因此，在饮水时应注意以下几方面。

（1）运动前和运动中不宜一次性大量饮水。饮水过多，会使胃膨胀，妨碍膈肌活动，影响呼吸；使血液浓度稀释，血流量增大，增加心脏负担。这样既有碍健康，也不利于运动。

（2）运动后亦不宜一次性大量饮水，否则会加重心脏负担，影响生理机能的恢复。

（3）建议每天饮水 2000 毫升左右。

5. 夏天运动后不宜大量喝冰冻饮料

冰冻饮料会刺激胃肠，导致胃肠痉挛，发生腹痛、恶心、呕吐等现象，还会使胃肠血管收缩，血量减少，影响对食物的消化和吸收。

（二）运动环境卫生

良好的运动环境，可以激发锻炼者的运动情绪，提高锻炼效率；反之，就会抑制锻炼情绪，甚至引起生理异常反应或诱发运动损伤。

1. 运动与空气卫生

空气是人类赖以生存的条件之一，氧是人体生命活动所需要的重要物质。新鲜的空气中含有大量负离子，能调节大脑皮质功能，改善呼吸功能，振奋精神，消除疲劳，有效提高锻炼效果。

然而，空气中一旦存在有毒气体，被人体摄入后，常会对某些器官、系统造成损害或引发病变。例如，一氧化碳与体内血红蛋白结合，会形成碳氧血红蛋白，导致人体缺氧；二氧化碳会损害人体肝脏。因此，进行体育锻炼时应注意以下两点。

（1）避免在恶劣的环境中锻炼。气压过低、空气湿度过大时，易使机体的散热机能受到阻碍；气温过高时，易中暑；风速过大时，会影响运动进行。

（2）尽可能在室外锻炼，特别是在空气新鲜、环境幽雅的地方锻炼。在室内锻炼时，要开窗通风，室内禁止吸烟。

2. 运动与噪声卫生

噪声是一种环境污染，主要来自机器、汽车、高音喇叭、喧闹人群等。噪声会严重影响人的情绪和正常生理活动。体育锻炼时，常有人因受噪声干扰影响锻炼效果，甚至造成运动损伤，因此锻炼环境应保持相对的安静。

3. 运动与采光卫生

合理的采光可使环境气氛和谐，有利于健康，也有利于锻炼活动的顺利进行。不合理的采光会直接影响锻炼者的视力，妨碍锻炼活动的顺利进行，还容易发生运动损伤。

采光分自然采光和人工采光。运动场地采光要光线充足，室内照明以光线柔和、均匀、不闪烁、不刺眼、不明显改变室内温度为宜。室内装潢最好以浅色为宜，以使锻炼者感觉愉快和舒适。

4. 运动与场地卫生

（1）田径场卫生。跑道应当平坦、坚实而有弹性，无灰尘并保持一定的湿度；跳跃沙坑要有50～60厘米厚的沙，保持松软，没有杂物。投掷区沙坑周围宜用木质制作，并用橡皮包扎与地面齐平，应有明显的标记，以免造成伤害事故。

（2）球类场地卫生。足球场地最好铺有草皮，场地平坦、整洁、无杂物。篮球、排球、网球场地要平整，硬度适中，没有浮土，球场周围应有空余场地。

（3）游泳池卫生。游泳池卫生最重要的是水质要符合要求，水中的含氯量应达到0.2～0.4毫克/升，1毫升水中杂菌数不应超过100个，1升水中大肠杆菌值不超过3个。水质透明度应达到静水时能看到池底的任何地方的要求。游泳前必须全身淋浴，并通过消毒脚池后入池。此外，深水区和浅水区要有明显的标识。

（三）运动衣着与器材卫生

运动衣着应符合运动项目特点，并具有透气性、吸湿性等性能。对于运动衣着的选择来说，夏季应以浅色薄运动衣裤为宜，冬季应以能够保暖，但又不妨碍运动为宜。运动衣裤要勤换、勤洗，以免细菌污染机体。

运动器械要坚固，安装得当，并注意检查维修，防止生锈或连接处脱落；健美、举重器材用后放回原处；体操垫硬度适中并保持整洁、美观。使用后，应把器械擦拭干净。

第三节　运动医务监督

一、大学体育课程的医务监督 ■■■■■■■■

大学体育课程的医务监督是运用体育保健学的内容和方法，帮助和指导大学生合理地进行体育锻炼、训练和比赛，以促进身体发育、增进健康、预防运动性伤病和提高运动技术水平。教师应定期或有针对性地对体育教学课或训练课进行医学观察，通过观察以及测定课程中学生的生理负担量并对比一些客观生理指标，了解学生的训练水平及其对运动负荷的适应情况，以评定体育教学课或训练课的运动量和运动强度安排是否合理，以及了解运动负荷对学生机体的影响程度，为合理安排运动量、改进体育教学和训练工作提供依据。

（一）体育课程的健康分组

对体育课程进行医务监督，能更有效地运用体育的手段促进大学生的生长发育和身体健康，避免不合理的体育活动给身体健康造成不良影响。一般在体育锻炼时都要进行健康分组。

1. 基本组

基本组由健康、发育良好，或发育与健康状况虽有轻微异常，但功能检查结果良好，且有一定锻炼基础的学生组成。对本组学生按规定的教学大纲进行教学，在一定的时间内，要求他们通过《国家学生体质健康标准》所规定的测试，在全面锻炼的基础上，鼓励他们加入学校体育代表队并参加比赛。

2. 准备组

准备组由身体发育和健康状况有轻微异常，平时较少参加体育活动且身体素质较差的学生组成。此组学生可按体育教学大纲的要求进行锻炼，但进度应放慢，运动强度要降低，运动时间也要减少，不宜参加运动训练和激烈的运动竞赛。

3. 医疗体育组

医疗体育组由发育或健康状况有明显异常（如脊柱畸形、小儿麻痹后遗症、先天性心脏病等）和伤病初愈后体质较弱的学生组成。本组学生应按特殊的体育教学大纲进行体育教学、学习大纲中的个别项目或进行医疗体育。

（二）体育课的医学观察

体育课的医学观察可以分为以下三个方面。

（1）观察教学过程中学生的机体反应：课前询问学生自我感觉，测定生理指标；课间观察学生表现，测定生理指标；课后询问学生自我感觉，对学生做检查。

（2）观察体育课的组织和教法：了解体育课的内容、任务、组织和教法，遵循循序渐进、系统性、全面性、个别对待的教学原则。

（3）观察和检查运动环境、场地设备的卫生与安全条件。

（三）体育课生理负担量的评定

体育课生理负担量的评定有主观评定法和客观评定法两种。

（1）主观评定法：观察精神状态、不良感觉、排汗量等。

（2）客观评定法：测试背力、握力、运动成绩等，或测试心率、血压、呼吸频率、体温等。

二、早锻炼和课外体育活动的医务监督

早锻炼可以迅速消除睡眠抑制的影响，活跃各器官、系统的功能，把人体的新陈代谢提高到一定水平，使人以充沛的精力迎接一天的工作和学习。早锻炼的项目有徒手操、器械操、打拳、慢跑、球类活动等。早锻炼应依不同参加者的年龄、性别、健康状况及季节而定，以身体得到全面锻炼为原则，活动时间应控制在 20 ~ 30 分钟内，运动量不宜太大。课间操有助于消除学生在学习中产生的疲劳，提高学习效率。课间操的活动内容一般是做广播体操，可做徒手操或轻器械体操，要求姿势正确，达到有效的动作幅度。课间不宜进行大强度的体育活动。

课外体育活动是提高身体素质和锻炼心肺功能的主要活动。从体育保健学角度来看，课外活动的时间最好与体育课交替安排，每次锻炼的持续时间以 1 小时左右为宜，运动强度因人而异。运动前要做好充分的准备活动，注意运动伤病的预防。

三、自我医务监督

（一）主观感觉

1. 一般感觉

一般感觉是人体功能状态尤其是中枢神经系统功能状况的反映。身体健康的人一般会精力充沛、活泼愉快；若患病或过度疲劳，一般会精神不振、软弱无力、疲倦、易激动。在自我医务监督记录时，若精力充沛可记为"良好"，若未出现不良感觉可记为"平常"，若精神不振、疲

倦等可记为"不好"。

2. 锻炼心情

心情与精神状况有关。在锻炼过程中，若出现对体育运动不感兴趣甚至厌倦的现象，这可能是锻炼方法不当或疲劳的表现，也可能是过度疲劳的早期征象。锻炼者可根据自己的锻炼心情，将其记录为"很想练""愿意练""不想练""冷淡"或"厌倦"等。

3. 不良感觉

在健身活动开始时出现肌肉酸痛是正常的，经过适当减小运动量，酸痛就会消失。若锻炼后出现头痛、头晕、胸闷、恶心、呕吐或其他部位的疼痛，说明运动量过大或健康状态不佳。在记录时，应写清具体感觉。

4. 睡　眠

经常进行健身运动的人，一般会入睡快、睡得好。

5. 食欲情况

运动锻炼消耗能量较多，因此经常运动的人食欲往往很好。有时由于运动量过大或健康状况不佳时，也会出现食欲下降的情况。锻炼者在自我医务监督日记上可记下食欲"良好""一般""减退""厌食"等。

6. 排汗量

训练或比赛时，由于能量代谢水平较高，产热量多，排汗就成为散热的一种重要方式，但排汗量受很多因素的影响，如运动量、训练水平、气温、湿度、神经系统的状况等。锻炼者在记录时可以记下排汗量"正常""减少""增多"等。

7. 体　征

锻炼时的外部体征，一般可从以下三个方面观察：精神（表情、言语、眼神、注意力等）、躯体（面色、呼吸、嘴唇颜色、排汗量等）和动作（动作质量、准确性、步态等）。

运动量适宜时，锻炼者一般表现为精神良好、面色稍红、步态轻快等。运动量过大时，锻炼者一般表现为面色很红、气喘剧烈、排汗量增多、精神较差、眼神无光、反应迟钝、动作不稳等，此时必须减小运动量。

8. 其他情况

运动量过小的表现：运动后身体无微汗、无发热感，脉搏也无大的变化，在运动后两三分钟即恢复至安静状态。

运动量适宜的表现：锻炼后有微汗，心情轻松愉快，感觉、睡眠、食欲良好，或虽然稍感疲乏、肌肉疼痛，但休息后很快消失，次日体力充沛，渴望锻炼。

运动量过大的表现：锻炼后大汗淋漓、头晕眼花、胸闷、身体疲倦、睡眠差、食欲下降，脉搏在运动后 15 分钟尚不能恢复，次日仍觉乏力，不想锻炼。

（二）客观检查

1. 安静时的脉搏

每天早晨醒后，先不起床，立即仰卧测 1 分钟的脉搏数，这就是安静时的脉搏，也可以称为晨脉，用这个脉搏来检查身体机能状态十分必要。若安静时的脉搏比平时高 12 次以上，可能与过度训练有关，应立即改变锻炼方法或减小运动量；若脉搏比平时高 6 ～ 8 次，说明运动量过大，应当进行调整；若脉搏比平时高 4 ～ 5 次，应当停止增加运动量。

2. 锻炼后的即刻脉搏

锻炼后的即刻脉搏应控制在锻炼规定的脉搏数以内。若连续几天超过规定数，身体又有不适感，说明运动量大了，应进行调整；若几天均未达到规定数，身体感觉良好，可适当增加运动量。

3. 体重变化情况

健身锻炼初期，体重会逐渐减轻，尤其是身体肥胖者，这是由于机体的水分和脂肪减少的缘故，随后体重会逐渐趋于稳定。若出现体重不断减轻，并有其他异常感觉，可能与过度训练或患有慢性消耗性疾病有关，应减小运动量并到医院进行检查。体重每周测一两次，测体重在每天的同一时间进行，穿衣重量也应一致。

4. 血压、肺活量、心电图

锻炼者的血压应趋于稳定。锻炼后收缩压上升 20 ～ 25 毫米汞柱，舒张压下降 5 ～ 10 毫米汞柱，应视为正常。测试肺活量时应连续测 5 天，每天测 1 次，若每次测试的结果是逐渐上升的，说明呼吸机能良好；若逐渐下降，说明呼吸机能变差，是反应不良的表现；若血压突然升高、肺活量明显下降、心电图异常，则应减小运动量，并到医院进行检查。

第四节　常见的运动损伤及其处理方法

一、常见的运动损伤

（一）挫 伤

1. 挫伤部位及征象

挫伤多发生在头部、胸部和四肢。受伤部位会出现局部红肿、疼痛等症状。若皮肤破裂，则会造成出血；若没有破裂，则会出现淤血。

2. 发生挫伤的主要原因

发生挫伤的主要原因：① 运动前准备活动做得不够，肌肉关节没有得到充分活动；② 运动时，用力过猛，超过了肌肉、关节、韧带的负荷限度；③ 参加运动的人员过于拥挤或没有按正确的方法进行运动；④ 场地不平或器械设备不安全，且没有做好保护工作。

3. 处 理

发生了挫伤应根据情况及时处理。如果皮肤出血，应立即停止运动，先用酒精或碘伏将伤口消毒，再用净布包扎。如果受伤部位红肿疼痛，可先用冷水或冰块进行局部冷敷，抬高受伤部位，必要时加压包扎，24 小时以后改用热敷、按摩来活血、消肿、止痛。经过治疗，待伤势减轻后再做针对性的活动，如下蹲、弯腰、举腿等，使关节、肌肉功能得以恢复，避免伤后关节不灵或肌肉萎缩。

（二）肌肉损伤

1. 损伤征象

肌肉损伤分主动收缩损伤和被动拉长损伤两种。主动收缩损伤是由于肌肉做主动的猛烈收缩时，其力量超过了肌肉本身所能承受的范围；被动拉长损伤主要是肌肉力量牵伸时超过了肌肉本身的伸展程度所致。肌肉损伤如果是细微的损伤，则症状较轻；如果是肌纤维完全断裂，则症状较重，一般表现为伤处疼痛、局部肿胀、压痛、肌肉紧张或痉挛、伤后肌肉功能减弱或丧失等。

2. 发生肌肉损伤的主要原因

发生肌肉损伤的原因有准备活动不充分，肌肉的生理机能尚未达到剧烈运动所需的状态就参加剧烈运动；体质较弱，肌肉的弹性、伸展性和力量较差，过度疲劳；运动水平低，姿势不正确，动作不协调，用力过猛，超过了肌肉活动范围；气温过低或过高，场地太硬等。

3. 处 理

肌肉损伤治疗要根据具体情况而定。肌纤维少量断裂者，应立即冷敷，局部加压包扎，并抬高患肢。肌纤维大部分或完全断裂者，应加压包扎后立即送至医院进行手术缝合。

（三）关节韧带损伤

1. 损伤征象

关节韧带损伤后，一般表现为压痛或自感疼痛。轻者韧带纤维部分断裂，重者韧带纤维完全断裂，引起关节半脱位或完全脱位，导致关节功能障碍。

2. 损伤部位及主要原因

上肢关节以肩关节、肘关节、腕关节损伤最为常见。例如，掷标枪时，引枪后的翻肩动作错误易造成肩关节、肘关节扭伤。下肢关节以髋关节、椎间关节、膝关节、踝关节损伤较多。例如，从高处跳下时，平衡缓冲不够，使膝关节、踝关节受伤；做下腰练习时，过分提腰造成腰椎损伤等。

3. 处 理

发生关节、韧带损伤时，应当在 24 小时内冷敷，必要时加压包扎，24 小时后进行理疗、热敷、按摩、针灸治疗等。待疼痛减轻后可增加功能性练习。对急性腰部损伤，如果出现剧烈疼痛，切不可轻易处理，应让患者平卧，并用担架送至医院就诊。

（四）骨 折

1. 损伤征象

骨折可分为完全性骨折（骨完全断裂）和不完全性骨折（骨未完全断裂，如裂缝骨折）两种，是运动中一种比较严重的损伤现象。骨折后的症状如下。

（1）肿胀和皮下淤血：由骨折处血管破裂，骨膜下出血，以及周围软组织损伤引起。

（2）疼痛：由骨膜撕裂和肌肉痉挛引起，尤其在活动时更加剧烈，甚至可引起休克。

（3）功能障碍：骨折后，肢体丧失了原来的功能，再加上剧烈疼痛和肌肉痉挛，肢体多不能活动。

（4）出现畸形和假关节：因骨折端发生移位和重叠，伤肢变形甚至缩短，完全骨折的地方可出现假关节，移位时可产生骨折摩擦音。

（5）压痛和震痛：骨折处有明显压痛，在远离骨折处轻轻捶击，骨折处往往出现震痛。

2. 发生骨折的主要原因

发生骨折的主要原因是身体某部位受到直接或间接暴力作用，或肌肉强烈收缩。常见的骨折部位有肱骨、尺骨、桡骨、指骨、胫骨、腓骨、肋骨等。

3. 处　理

一旦出现骨折，暂勿随意移动患肢，应先用夹板或其他代用品固定伤肢，动作要轻柔、缓慢，不要乱拉乱拽，以免造成错位，影响整复。如果是上肢骨折，可用木板托住伤肢，用绷带扎紧骨折处的上下两端。如果是下肢骨折，可先将伤腿轻轻放好，然后用宽布条或其他代用品将两条腿绑在一起，慢慢抬到硬板担架上，送往医院救治。如果是头部、颈部或脊椎发生骨折，运送时就更要小心，以免损伤神经而造成肢体瘫痪。搬运时应用枕头或衣服将头部固定，防止移动。固定好骨折处以后，患者不要扭动肢体。在送往医院的路上也要保持平稳。

（五）关节脱位

1. 损伤征象

因受外力作用，使构成关节的上下两个骨端失去正常的位置关系，出现了错位现象，叫作关节脱位，又称脱臼。关节脱位可分为完全脱位和半脱位（错位）两种。严重的关节脱位伴有关节囊撕裂，甚至神经损伤征象。关节脱位后常出现畸形，与健肢相比不对称，因软组织损伤而出现炎症，局部疼痛、压痛和关节肿胀并失去正常活动功能，甚至发生肌肉痉挛等现象。

2. 发生关节脱位的主要原因

运动中发生的关节脱位大都是间接外力撞击所致，如摔倒时用手撑地造成肘关节或肩关节脱位。

3. 处　理

用大小合适的夹板固定伤肢。如果没有夹板，可将伤肢固定在躯干或健肢上，防止伤肢震动，随后及时送往医院治疗。

二、运动损伤的处理方法 ■■■■■■

在运动过程中所发生的各种损伤统称为运动损伤。运动损伤又可分为开放性损伤和闭合性损伤。对于运动损伤的处理，一般根据损伤前期、损伤中期、损伤后期的具体情况和伤患处的不同特点进行处理。对于急性损伤前期（24小时以内）的处理原则是制动、止血、防肿、镇痛和减轻炎症。处理方法可根据具体情况选用一种或几种。

（一）一般处理方法

运动损伤一般处理方法如下。

（1）先冷敷，然后加压包扎并抬高伤肢。这种方法应在伤后立即使用，有制动、止血、止痛及防止或减轻肿胀的作用。冷敷一般使用冰袋或氯乙烷。冷敷后，用适当厚度的棉花或海绵置于伤部，并立即用绷带稍加压力进行包扎。

（2）伤后24小时解除包扎，可进行热疗、按摩、理疗、外敷活血化瘀和生新的中草药、贴活血膏等，也可用几种方法综合治疗。

（3）待损伤组织基本恢复正常，肿胀和压痛消失后，就要进行功能性的恢复治疗，这时仍以按摩，理疗及增加肌肉、关节功能锻炼为主。如果是轻微、慢性的损伤，则主要应改善伤部的血液循环，促进组织的新陈代谢，可以合理地安排一定负荷量进行局部的锻炼。

（二）开放性软组织损伤的处理

常见的开放性软组织损伤有擦伤、切伤、刺伤、撕裂伤等，局部皮肤或黏膜破裂，伤口与外界接触，常见组织液渗出或血液自伤口流出。紧急处理的要点是及时止血和处理伤口，预防感染。

1. 擦 伤

擦伤多发生在摔倒时。对于伤口较脏的擦伤可先用生理盐水洗净伤口，然后用酒精棉球或碘伏消毒杀菌；对于伤口较浅、面积较小的擦伤无须包扎，晾干即可。

2. 切伤与刺伤

切伤和刺伤的伤口往往较深、较小。如果伤口较脏，除了进行伤口的止血消炎和包扎外，还要送往医院注射破伤风抗毒素。

3. 撕裂伤

撕裂伤中以面部皮肤伤为多见，如拳击运动中，眉弓被对方碰撞而造成眉际皮肤撕裂等。若撕裂的伤口较小，经消毒处理后，贴上创可贴即可；若撕裂的伤口较大，建议立即去医院就诊。

（三）闭合性软组织损伤的处理

闭合性软组织损伤是运动损伤中较常见的一类损伤，肌肉拉伤、挫伤、韧带拉伤等都属于这类损伤。

闭合性软组织损伤的特点：皮肤黏膜完整，局部组织撕裂、血管损伤等引起出血、组织液渗出、肿胀等。在急性闭合性软组织损伤发生后，首先要检查有无合并伤，如腹部挫伤后是否合并有内脏破裂，肌肉挫伤后有无骨头断裂、有无明显血肿，头部挫伤后有无脑震荡等。如有合并伤应先处理合并伤，再处理软组织损伤。在确定没有严重的合并伤后，应进行冷敷、加压包扎、制动和抬高患肢；24小时后解除包扎，并进行局部热敷、理疗、按摩等，以改善血液循环，促进局部代谢，加速损伤的修复。当损伤基本恢复后，开始进行肌肉、韧带的伸展性练习以及加强局部力量的练习，以恢复局部受伤部位的肌肉力量及肌肉、韧带的柔韧性。

第五节　常见运动性疾病的预防与处理

一、运动性过度疲劳

（一）原　因

运动性过度疲劳是在身体过度训练后，疲劳连续累积的基础上发展起来的一种病理状态。其主要原因有长期进行大运动量训练、运动量增加过快、超过负荷等。例如，过多地参加比赛、休息不够，或在伤病后体弱时，过早地投入紧张训练或比赛，均可导致运动性过度疲劳的发生。在大运动量训练或比赛期间，生活无规律、睡眠少、食量减少、营养不足、嗜烟酗酒、情绪不良、脑力及体力负担过重、训练方法单调，也可能诱发过度疲劳。

（二）征　象

身体运动性过度疲劳，通常会出现以下征象。

（1）早期表现为睡眠差、头昏无力、记忆减退、食欲下降、心情烦躁、容易激动，以及不愿参加训练，运动能力和成绩下降等。

（2）如果过度疲劳继续发展，可出现失眠、头痛、疲乏、多汗、体重持续下降，还可能伴有各器官、系统功能失调的现象。

（3）出现心慌、心累、心前区不适，脉搏增快或减慢，血压升高或异常降低；心律失常，出现前期收缩或阵发性心动过速。

（4）呼吸系统方面，常表现为肺活量和最大通气量下降。

（5）消化系统会出现胃肠机能紊乱、腹胀、腹痛、便秘或腹泻，运动时右上腹疼痛、肝脏肿大。

（6）泌尿系统出现尿不尽，尿液中有蛋白质、红细胞；女性有可能月经紊乱。

（7）如全身过度疲劳，运动中常可出现局部损伤，如筋骨劳损、疲劳性骨膜炎等。

以上运动性过度疲劳的征象与训练量大小有密切关系。运动早期，多数人的疲劳症状仅在大运动量体育锻炼后才出现，症状持续时间也短；若病情未能及时控制，则后期即使进行中小运动量运动，甚至休息时，疲劳症状也得不到缓解。

（三）处理方法

适当减少运动量和训练时间，辅以放松性练习；生活要有规律，注意劳逸结合，增加睡眠时间，调整和改善心理状况；适当增加营养，补充足够的蛋白质、碳水化合物、维生素和无机盐；进行温水浴，做恢复期按摩或自我按摩等物理康复疗法。

（四）预防措施

注意合理安排训练，充分考虑个人特点，循序渐进，逐渐增加训练时间和强度；训练量的安排应注意节奏性，大、中、小运动量应有机地配合；注意劳逸结合，改善饮食，及时补充身体的消耗；加强医务监督，最好不要带着伤病参加训练和比赛。

二、运动性过度紧张 ■■■■■■■■■

（一）原　因

运动性过度紧张指一次或多次运动过度，超过了机体负担能力而引起的一种病理状态。超过机体耐受程度的剧烈运动是引起此病的主要原因，因此过度紧张的病理状态在训练程度差的人中较为多见。训练程度高的运动员，因伤病中断训练一段时间后，体质下降，在重新参加训练时，如果突然采用大运动量训练或参加激烈竞赛，则可能出现运动性过度紧张。患有心血管疾病的人，参加剧烈运动时，也可能发生运动性过度紧张，甚至导致猝死。

（二）征　象

明显头晕，面色苍白，眼前发黑，全身无力，站立不稳，脉搏快且弱，血压下降；严重者可出现恶心呕吐、嘴唇青紫、呼吸困难，有心前区痛、心脏扩大等急性心血管疾病表现；有心脑血管疾病的人，还有可能发生心脑血管意外或心肌梗死，甚至昏迷、猝死。

（三）处理方法

症状轻者一般无须特殊处理，叫半卧休息，注意保暖，内服热糖水，短时间休息后症状可以消失。对于有严重心功能不全的人，可取半卧位休息，采用手指尖掐或针刺内关穴和足三里穴；如果出现呼吸、心跳停止，应进行人工呼吸和胸外心脏按压抢救，并迅速送往医院急救。

（四）预防措施

加强医务监督，定期做身体检查；训练或比赛前应做好准备活动，并根据个体情况，合理安排运动量；应坚持锻炼，不断增强身体素质；凡有心脑血管疾病的人或患有感冒、扁桃腺炎的人，不宜参加剧烈的训练或比赛；中断训练的人，重新训练时应循序渐进；开运动会时要做好急救准备。

三、运动性肌肉痉挛 ■■■■■■■■■

（一）原　因

痉挛俗称抽筋，指肌肉不自主地强烈收缩，多在大运动量训练或激烈比赛时发生，常见的发病部位是小腿腓肠肌。在训练或比赛中，肌肉过快地连续收缩，放松的时间短，以致放松与收缩不能协调地交替，常会导致肌肉痉挛。例如，短跑或骑自行车运动的初学者，易发生肌肉痉挛。在寒冷环境中运动时，如果准备活动不充分，肌肉受寒冷的刺激，兴奋性增高，易发生肌肉痉挛。例如，冬天在户外锻炼，冷空气刺激、游泳时冷水刺激，均可能引起肌肉痉挛。运动中大量出汗，体内盐分丢失过多，肌肉兴奋性增高，可能发生肌肉痉挛，在夏天较多见。举重、摔跤、长距离跑、足球、篮球等项目的运动员，较易出现肌肉痉挛。疲劳与紧张会影响肌肉的正常功能，特别是在肌肉疲劳的情况下，做一些突然紧张且用力的动作，容易引起肌肉痉挛。

（二）征　象

发病部位肌肉突然剧烈挛缩发硬，疼痛难忍，迫使运动员不能坚持训练或比赛。肌肉痉挛的发作常持续数分钟，缓解后稍不注意又会复发。

（三）处理方法

牵引痉挛的肌肉可使症状缓解。例如，腓肠肌痉挛时，可尽量伸直膝关节，脚尖回勾，身体前压，尽量贴近大腿，使腓肠肌拉伸。牵拉时用力宜缓，对痉挛肌肉用力按压，同时以指尖代针，点压揉捏委中穴、承山穴、涌泉穴、合谷穴等穴位，缓解痉挛。

（四）预防措施

坚持锻炼，提高身体的抗寒能力和耐久力。冬季锻炼要注意保暖，避免风寒刺激，夏秋季参加剧烈运动时要注意补充盐分和维生素B。运动前要认真做好准备活动，对容易肌肉痉挛的部位做适当的按摩。感到疲劳、紧张、饥饿时不宜参加剧烈的运动或比赛。

四、运动性头晕 ■■■■■■■■

（一）原因和征象

运动性头晕是在运动中或运动后感觉头晕目眩、眼冒金星，重者恶心呕吐，甚至昏厥倒地的一种病理状态。这是体育运动中常见的一种病态生理现象。其主要原因：运动前没有做好准备活动，心肺功能未被充分调动，全身血液循环也不够旺盛，身体需要的养料、氧气不能及时充分供给，而大脑皮质对缺乏养料与氧气极为敏感，稍不满足就会出现头晕现象；运动中，呼吸节律性差，呼吸表浅，造成体内氧气供不应求，以致出现头晕；在有些运动项目中，大脑受到突然激烈震动，有可能出现头晕；平时体质较差或很少活动的人，如果突然参加剧烈的运动或比赛，由于运动量大，身体各器官适应不了，精神也往往过分紧张，很容易出现头晕。

（二）处理方法

运动中感到头晕目眩时，应立即停止活动，到凉爽处休息，喝一些含糖的饮料或热茶；如感到饥饿心慌，还可喝一些牛奶、吃一些点心等；如果头晕、头痛比较厉害，可进行太阳穴、人中穴、合谷穴的点压按揉或者在以上穴位擦一些风油精、清凉油，以起到醒脑作用；如果头晕严重，甚至有昏厥现象，经上述处理无明显好转时，应送往医院详细诊治。

（三）预防措施

参加剧烈运动前，做好充分准备活动，使身体各器官能尽快适应剧烈运动的需要；运动过程中，注意呼吸与运动动作协调配合；呼吸要深沉有力，以保证供给身体各器官足够的氧气；合理安排运动时间和运动量，疲劳后要及时休息，天太冷时要加衣保暖；参加大运动量训练或比赛前，可适当多吃些含糖食品，以增加身体能量的供应；患有贫血、高血压、慢性中耳炎、慢性鼻炎、神经衰弱的患者，疾病本身会引发头晕，若参加运动锻炼更应小心，注意循序渐进原则，运动量不宜过大，应对所患疾病进行积极治疗，以防止或减少运动性头晕的发生。

五、运动性中耳炎 ■■■■■■■■■

（一）原　因

运动性中耳炎在游泳运动员中比较常见，其主要诱因是耳内积水，由于水质不清洁，使人耳感到发痒不适，如果用手指、发卡等尖细物品掏耳，因鼓膜已被水泡软，极易破损，使细菌趁机侵入中耳。如果在鼓膜破裂、穿孔的情况下游泳，更容易让细菌直接从外耳道进入中耳。游泳时不慎呛水，水也可从咽部的耳咽管进入中耳，造成感染发炎。如果在上呼吸道发炎或感冒时带病下水游泳，也有造成中耳炎的可能。

（二）征　象

耳内疼痛剧烈，带刺痛性质并伴有听力减退、发热、恶心、呕吐、食欲不佳、大便干燥或便秘等症状。耳后乳突部位有明显压痛。如果鼓膜已破裂，则有黄色脓液自外耳道流出。如急性炎症期未及时治愈，可变为慢性中耳炎。

（三）处理方法

患有中耳炎，原则上应及时去医院请医生诊治。一般对症处理，患者应卧床休息，适当多喝开水，吃流质饮食。遵医嘱服用或注射药物。

（四）预防措施

游泳前应进行体检，若发现鼓膜破损或穿孔，在下水游泳前要用涂有凡士林的棉球或橡皮耳塞将耳朵塞好，防止水进入耳内；上呼吸道发炎或感冒期间，暂停游泳。不要在不清洁的水中游泳。游泳时，注意正确呼吸，避免呛水。如游泳时有水进入耳道，不要随便挖耳，可将头歪向耳内积水的一侧，用同侧的手掌轻轻拍打头部，或者是单足原地跳几下，便可将水排出；如感到耳内疼痛，应及时请医生诊治。

六、运动性腹痛

（一）原　因

在体育运动中，尤其在紧张的训练或激烈的比赛过程中，有的运动员会出现腹部疼痛的症状。其主要原因是准备活动不充分，在突然参加剧烈运动时，血液循环和胃肠不能适应身体机能的急剧变化，导致腹痛；运动时间安排不当，如在饭后不久，胃肠内食物充盈时就去参加剧烈运动，胃肠受到机械性震动造成胃痉挛或者运动牵拉肠系膜，导致腹痛；训练水平低的人或初次参加运动的人，由于心脏功能差，可发生静脉血液回流困难，引起脾脏瘀血性肿大，脾脏被膜张力增加，也可导致腹痛；患有慢性腹内疾患者，如十二指肠溃疡病、肠结核、肠道寄生虫病、慢性阑尾炎或肝、脾、肾等脏器有疾病的人，在参加运动时，病变器官部位受到震动牵拉导致腹痛。

（二）征　象

运动性腹痛的部位多不固定，依发病原因而有所不同。例如，因饮食时间安排不当引发的胃肠疼痛多在上腹部和中腹部；由肝脾瘀血引起的腹痛，多在右或左上腹部。腹痛大多在运动开始后不久出现，一般随运动强度的加大而加剧，降低运动强度后，疼痛可缓解。

运动性腹痛的性质大多数为钝痛，有的人伴有恶心和呕吐，也有部分人腹痛比较剧烈，以致不能继续参加训练或比赛。

（三）处理方法

运动中出现腹痛应尽快查明原因，进行有效的对症处理。首先不要紧张害怕，可以减慢运动速度，加深呼吸，调整呼吸与运动的节奏，也可用手按压疼痛部位或弯着腰跑一段距离，一般的腹痛就会缓解或消失。经上述处理无效时，应去医院做进一步检查和处置。

（四）预防措施

首先要加强医务监督，遵守训练原则，加强全面身体训练，提高身体器官机能水平。合理安排饮食和运动时间，饭后至少1小时以后才能参加比较剧烈的运动，饥饿或过饱均不宜运动，运动前和运动中也不宜大量喝水。运动前一定要做好充分的准备活动，运动中要注意呼吸节奏，参加中长跑要合理分配速度。

七、运动性中暑

（一）原　因

运动性中暑是运动员在气温高、湿度大和通风不良的环境中进行体育运动时，体内热的散发受到影响而发生的一种急性病，在夏季训练或比赛中容易发生。其主要原因是气温过高，在炎热的夏天进行长时间体育运动，如参加长跑、马拉松跑、足球、篮球等运动，都有可能中暑。特别是在气温过高、湿度过大、通风不良、身体疲劳、患病、缺乏饮水、头部直接受到烈日照射等情况下，更容易发生中暑。

（二）征　象

运动性中暑有以下分类。

（1）热射病型中暑：患者体温略有升高，头昏头痛、烦躁心慌、全身无力、口干舌燥、恶心、大量出汗，这些征象是中暑的先兆。如未及时处理，继之则会出现高热，体温可达42℃，面色潮红、皮肤灼热、无汗、呕吐，有时流鼻血，步态蹒跚甚至昏倒。

（2）循环衰竭型：患者面色苍白、皮肤冷湿、脉搏细弱、血压下降、神志恍惚甚至昏迷。

（3）热痉挛型：患者体温可能不高，腹部及四肢肌肉痉挛，疼痛难忍，负荷较重的肢体肌肉最易发生痉挛。

（4）日射病型：患者头晕眼花、剧烈头痛、恶心呕吐、烦躁不安，或昏睡、脉搏细弱，体温升高不明显。

（三）处理方法

出现中暑先兆时，应使患者迅速离开高温环境到阴凉处休息，喝些清凉饮料，一般恢复较快；中暑的患者应在通风阴凉的地方安静仰卧，把头部垫高，松解衣服，扇风或头部做冷敷，也可用物理降温法降温，少量多次地口服冷的淡盐水或清凉饮料；肌肉痉挛时，可多服些盐开水，牵拉痉挛的肌肉，还可以蘸白酒或醋在痉挛处反复摩擦以缓解痉挛；头痛剧烈时，冷敷头颈部，针刺或用手指按压太阳穴、风池穴、合谷穴、足三里穴等穴位。如经上述处理未明显好转，应将患者送往医院进行救治。

（四）预防措施

夏天气温较高，在上午11时至下午6时，不宜进行训练和比赛。运动一般可以安排在早晨或傍晚进行，每次运动的时间不宜太长，中间应安排适当的休息时间。在较热的环境中锻炼应循序渐进，逐步提高身体耐受高温、高热的能力。身体疲劳、患病、耐热能力差的人，在炎热的夏天不宜进行体力消耗大、时间长的运动。热天运动时，宜穿浅色、宽松、单薄的衣服，戴上遮阳帽。

八、运动性冻伤 ■■■■■■■■

（一）原　因

冬天气温往往降至0℃以下，在户外运动若不注意防寒保暖就可能造成运动性冻伤。运动性冻伤常见于滑雪、滑冰、冰球、登山等项目，主要原因是气温过低。其他原因：对容易发生冻伤的部位（手、足、耳、鼻尖等处）缺少必要的保暖措施；内衣、鞋袜因出汗等潮湿后未及时更换；在寒冷的环境中长时间静止不动；身体素质较差，耐寒能力低。由于寒冷对身体局部的刺激，引起皮下血管保护性的强烈收缩，散热虽然减少，但是因组织缺氧而发生冻伤。

（二）征　象

轻度冻伤时，伤部皮肤苍白或呈暗红色斑块、肿胀、感觉冰凉，出现疼痛、烧灼痛、麻木和发痒的感觉。如未及时处理，继续受低温寒冷刺激就会使冻伤进一步加重。轻度冻伤后可出现表皮脱落，但治愈后一般不留瘢痕。重度冻伤时，冻伤处肿胀加剧，皮肤由苍白或暗红逐渐变成紫色、黑色。这时皮肤对冷、热、针刺等刺激的反应迟钝，这表明皮下组织已发生冻结，继续发展下去局部组织会出现水疱、溃烂或坏死，局部感觉丧失。重度冻伤疼痛较重并且愈合缓慢，痊愈后可留下色素沉着和瘢痕。

（三）处理方法

对于轻度冻伤，要注意局部清洁和保暖，可做局部自我按摩以促进血液循环，但不能用热水烫和烤火，也不能用雪擦或冷水浸泡，局部用白酒、辣椒水、醋等涂擦有一定效果。局部用温水洗后擦干，然后涂擦一些冻疮膏。对于重度冻伤，应注意局部消毒、保暖。有水疱的须用消毒针将水疱刺破，使液体流出，然后涂上冻疮膏，并加以包扎。建议重度冻伤患者去医院做进一步治疗。

（四）预防措施

（1）平时要加强体育锻炼。从夏天开始，一年四季坚持用冷水洗脸、洗手，以增强抗寒能力。

（2）体质较差、对寒冷敏感、局部易发生冻伤的人，冬天锻炼应注意保暖。运动前，面部、手部皮肤可擦一些油脂，可以戴上帽子、耳套、手套、围巾，待身体发热后再取下来。

（3）运动衣服的保暖性要好，但不能过紧、过小和潮湿，如运动后出汗潮湿应当及时更换。

（4）注意劳逸结合，保证充足睡眠，避免过度疲劳和紧张导致抵抗力下降。

（5）在寒冷的室外运动时，不要久站不动，应经常揉搓易冻伤部位皮肤，改善局部血液循环。

（6）冬天运动时，饮食应适当增加蛋白质和脂肪。

第六节　运动急救

一、外伤出血的现场处理

在体育运动过程中，由外伤引起，血液从破裂的血管中流出，称为出血。出血后应及时止血。如止血不及时或操作方法不当，就会拖延伤者伤势，重者会造成休克甚至死亡。

止血的方法有很多，在没有药物和医疗条件的情况下，现场急救有以下常用方法。

（一）冷敷法

冷敷可降低组织温度，使血管收缩，减少局部充血，从而达到止血、止痛及减轻局部肿胀的作用。此方法适用于急性闭合性软组织损伤，伤后立即施用，一般常用冷水或冰袋敷于损伤部位。

（二）压迫止血法

1. 直接压迫伤口止血法

一种是用绷带加压包扎伤口止血，可先在伤口上覆盖无菌敷料，再用绷带稍加压力，用于小动脉、静脉和毛细血管出血；另一种是直接指压止血，用指腹或掌根直接压迫伤口。此方法简便易行，但容易造成伤口感染。因此，在非紧急的情况下，不建议使用此法。

2. 间接指压止血法

（1）头部出血：一只手扶住伤员额部以固定头部，另一只手压迫外耳前上方的颞浅动脉。

（2）颜面部出血：一只手固定伤员头部，另一只手的拇指压迫位于下颌前下方的面动脉。

（3）头颈部出血：站在伤员面前，一只手放于伤员颈根部，拇指在前，其余四指在后。拇指触到颈总动脉搏动后将颈总动脉压在第六颈椎横突上。但要注意，紧急时才能采用颈总动脉压迫法，且只能压迫一侧，绝对禁止同时压迫两侧，以免造成脑缺血。

（4）肩部出血：用拇指摸到伤员锁骨下动脉，用力向后、向下将动脉压向第一肋骨。

（5）手掌、手背出血：摸到伤员桡动脉、尺动脉的搏动处，用双手拇指压迫。

（6）下肢出血：在伤员大腿根部腹股沟下沿摸到股动脉搏动处，用双手拇指重叠将股动脉往深处压迫。

二、包扎处理 ■■■■■■■■■

包扎伤口是各种外伤中最常用、最重要、最基本的急救技术之一。包扎有压迫止血、保护伤口、防止感染、固定骨折、减少疼痛等作用。在紧急情况下，若无消毒药、无菌纱布和绷带等，可以用比较干净的衣服、毛巾、白布等代替。包扎时不宜过紧，以防引起疼痛和肿胀；不宜过松，以防脱落。

（一）包扎方法

1. 头部包扎

（1）三角巾帽式包扎：适用于头顶部外伤。先在伤口上覆盖无菌纱布（所有的伤口包扎前均须先覆盖无菌纱布，以下不再重复），把三角巾底边的正中放在伤员眉间上部，顶角经头顶拉到枕部，将底边经耳上向后拉紧压住顶角，然后抓住两个底角在枕部交叉返回到额部中央打结。（图9-6-1）

（2）三角巾面具式包扎：适用于面部外伤。把三角巾一折为二，顶角打结放在头部正中，两手拉住底角罩住面部，然后两手持两底角拉向枕骨交叉，最后在额前打结固定。可在眼、鼻处提起三角巾，用剪刀剪洞。（图 9-6-2）

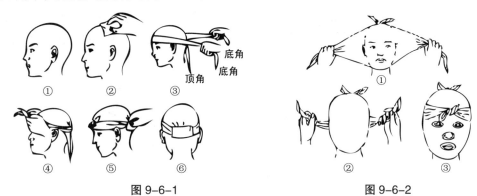

图 9-6-1　　　　　　　图 9-6-2

（3）两眼三角巾包扎：适用于两眼外伤。将三角巾折叠成三指宽的带状，中段放在头后枕骨上，两旁分别从耳上拉向眼前，在两眼之间交叉，再持两端分别从耳下拉向头后枕骨下部打结固定。（图 9-6-3）

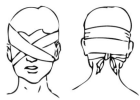

图 9-6-3

2.颈部包扎

（1）三角巾包扎：伤员手臂上举抱住头部，将三角巾折叠成带状，中段压紧覆盖的纱布，两端在健侧手臂根部打结固定。（图 9-6-4）

图 9-6-4

（2）绷带包扎：方法基本与三角巾包扎相同，只是改用绷带，环绕数周再打结。

3.胸、背、肩和腋下部包扎

（1）胸部三角巾包扎：适用于一侧胸部外伤。将三角巾的顶角放于伤侧的肩上，使三角巾的底边正中位于伤部下侧，将底边两端绕下胸部至背后打结，然后将三角巾顶角的系带穿过三角底边与其固定打结。（图 9-6-5）

（2）背部三角巾包扎：适用于一侧背部外伤。方法与胸部三角巾包扎相似，只是前后相反。

（3）侧胸部三角巾包扎：适用于一侧侧胸部外伤。将燕尾式三角巾的夹角正对伤侧腋窝，两手持燕尾式底边的两端，紧压在伤口的敷料上，利用顶角系带环绕下胸部与另一端打结，再将两个燕尾角斜向上拉到对侧肩部打结。（图 9-6-6）

（4）肩部三角巾包扎：适用于一侧肩部外伤。将燕尾式三角巾的夹角对着伤侧颈部，巾体紧压在伤口的敷料上，燕尾底部包绕上臂根部打结，然后两个燕尾角分别经胸、背拉到对侧腋下打结固定。（图9-6-7）

（5）腋下三角巾包扎：适用于一侧腋下外伤。将带状三角巾中段紧压在腋下伤口敷料上，再将三角巾的两端向上提起，于同侧肩部交叉，最后分别经胸、背斜向对侧腋下打结固定。（图9-6-8）

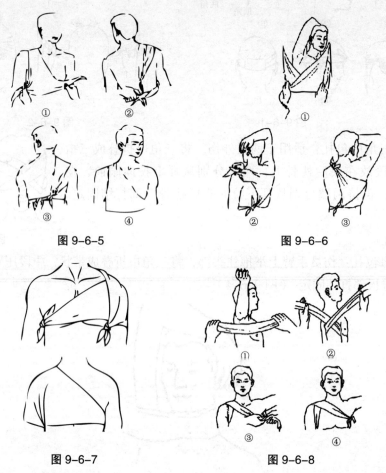

图9-6-5　　　　　　　　　　图9-6-6

图9-6-7　　　　　　　　　　图9-6-8

4. 腹部包扎

腹部三角巾包扎适用于腹部外伤。两手持三角巾两底角，将三角巾底边拉直放于胸腹部交界处，顶角置于会阴部，然后两底角绕至伤员腰部打结，最后顶角系带穿过会阴部，与底边打结固定。（图9-6-9）

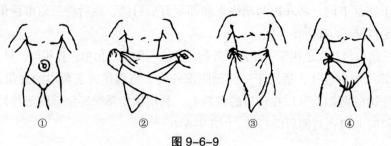

图9-6-9

腹部外伤并有内脏脱出时，脱出的内脏不要还纳，包扎时弯曲两腿，放松腹肌，将脱出的内脏用大块无菌纱布盖好，再用洁净的饭碗、木勺或钢盔等凹形物扣上，或用纱布、布卷、毛巾等做成圆状，以保护内脏，再包扎固定。

5.四肢包扎

（1）臀部三角巾包扎：适用于臀部外伤。方法与侧胸部三角巾包扎相似，只是燕尾式三角巾的夹角对着伤侧腰部，紧压在伤口敷料上，顶角系带环绕伤侧大腿根部，与另一端打结，再将两个燕尾角斜向上拉到对侧腰部打结。（图9-6-10）

（2）上肢、下肢绷带螺旋形包扎：适用于上下肢除关节部位以外的外伤。先在伤口敷料上用绷带环绕两圈，再从肢体远端绕向近端，每缠绕一圈盖住前圈的 1/3 ～ 1/2 部分，缠绕后的绷带呈螺旋状，然后剪掉多余的绷带，最后用胶布固定。（图9-6-11）

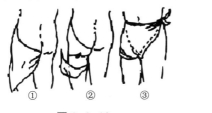

图 9-6-10

图 9-6-11

（3）肘关节、膝关节绷带 8 字包扎：适用于肘关节、膝关节及附近部位的外伤。先用绷带的一端在伤口的敷料上环绕两圈，然后斜向经过关节绕肢体半圈，再斜向经过关节绕向原开始点相对应处，先绕半圈回到原处，每缠绕一圈覆盖前圈的 1/3 ～ 1/2 部分，直到完全覆盖伤口。（图9-6-12）

（4）手部三角巾包扎：适用于手部外伤。将三角巾叠成带状，中段紧贴手掌，使带状三角巾在手背交叉，三角巾的两端绕至手腕交叉，最后在手腕缠绕一周打结固定。（图9-6-13）

图 9-6-12

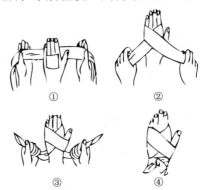

图 9-6-13

（5）脚部三角巾包扎：方法与手部三角巾包扎相似。

（6）手部绷带包扎：方法与关节 8 字包扎相似，只是环绕腕关节包扎。

（7）脚部绷带包扎：方法与关节 8 字包扎相似，只是环绕踝关节包扎。

（二）包扎注意事项

伤口包扎时一般要注意以下几点。

（1）迅速暴露伤口并检查，采用急救措施。

（2）如有条件，应对伤口进行妥善处理，如清除伤口周围污物，用碘伏消毒液对皮肤进行消毒等。

（3）包扎材料，尤其是直接覆盖伤口的纱布应严格保证无菌。没有无菌纱布时也应尽量用相对干净的材料覆盖，如清洁的毛巾、衣服、布类等。

（4）包扎不能过紧或过松。

（5）包扎打结或用别针固定的位置，应在肢体外侧面或前面。

（6）包扎伤口时，除消毒以外不上药。

（7）若有利器等在伤口内，不要取出；骨折突出部位及内脏外露，不要还纳。待至医院后，由医护人员进行专业处理。

三、骨折的现场处理

对于骨折、关节严重损伤、肢体挤压伤、大面积软组织损伤等，固定伤患处可以暂时减轻伤员痛苦，减少并发症，且有利于伤员的运送。对开放性软组织损伤，应先止血，再包扎。固定时要松紧适度，牢固可靠。固定技术分外固定和内固定两种。医院外急救多受条件限制，只能做外固定。目前最常用的外固定工具有小夹板、石膏绷带、外展架等。

（1）锁骨骨折固定法：将三条三角巾折叠成宽带状，两腋下填上软布团或棉花团，用两条宽带分别绕过伤员两肩，在背后打结，形成两个肩环，再用第三条宽带在背后穿过另外两条宽带，拉紧打结，最后将两前臂缚扎固定或将伤侧肢体挂在胸前。（图9-6-14）

（2）肱骨干骨折固定法：将两块长短、宽窄适宜的有垫夹板分别放在伤臂的内侧和外侧，屈肘90°，用三四条宽带将骨折处上下部缚好，再用小悬带把前臂挂在胸前，最后用宽带或三角巾将伤臂固定于体侧。（图9-6-15）

（3）前臂骨折固定法：将两块有垫夹板分别放在前臂的掌侧和背侧，前臂处于中立位，屈肘90°，用三四条宽带缚扎夹板，再用大悬臂带把前臂挂在胸前。（图9-6-16）

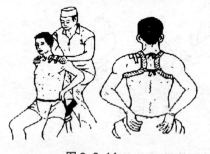

图9-6-14　　　　　　　图9-6-15　　　　　　　图9-6-16

（4）腕部骨折固定法：将一块有垫夹板放在前臂和手的掌侧，手握绷带卷，用绷带缠绕固定（图9-6-17），然后用大悬臂带把患臂挂于胸前。

（5）股骨骨折固定法：将两块长夹板分别放在伤肢的内侧和外侧，内侧夹板上至大腿根

部，下至足跟，外侧夹板上至腋下，下达足跟，然后用5～8条宽带固定夹板，在外侧打结。（图9-6-18）

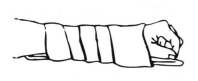

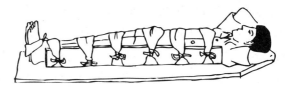

图9-6-17　　　　　　　　　　　　　　　　图9-6-18

（6）小腿骨折固定法：将两块有垫夹板分别放在小腿的内侧和外侧，两块夹板上至大腿中部，下至足部。用四五条宽带分别在膝上、膝下及踝部缚扎固定。（图9-6-19）

（7）踝足部骨折固定法：取一块直角夹板置于小腿后侧，用棉花或软布在踝部和小腿下部垫妥后，用宽带分别压在膝下、踝上和足距部缚扎固定。（图9-6-20）

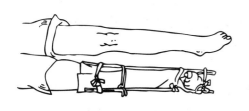

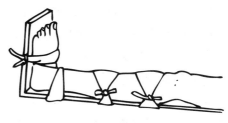

图9-6-19　　　　　　　　　　　　　　　　图9-6-20

（8）胸椎、腰椎骨折固定法：疑有胸椎、腰椎骨折，应尽量避免骨折处移动，以免损伤脊髓。用硬板担架或门板轻轻将伤员移至木板上，取仰卧位，用数条宽带缚扎伤员于木板上。若为软质担架，则应使伤员俯卧，使脊柱伸直（图9-6-21），禁止屈曲，送至医院。

（9）颈椎骨折固定法：务必使伤员头部固定于伤后位置，不屈、不伸、不旋转，否则，有造成脊髓压迫的危险，甚至造成伤员高位截瘫。数人合作将伤员抬至木板上，伤员头部两侧用沙袋或卷起的衣服垫好固定，用数条宽带把伤员缚扎在木板上。（图9-6-22）

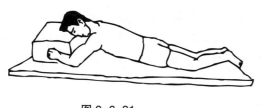

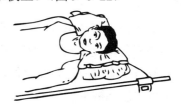

图9-6-21　　　　　　　　　　　　　　　　图9-6-22

四、心肺复苏

（一）心肺复苏概述

当人突然发生心跳、呼吸骤停时，必须在4～8分钟内建立基础生命支持，保证人体重要脏器的基本血氧供应，直到建立高级生命支持或自身心跳、呼吸恢复为止。这一建立生命支持的操作过程即心肺复苏。

心搏骤停、呼吸骤停是临床最紧急的情况，70%以上的猝死发生在患者进入医院之前。如在心搏骤停4分钟内进行心肺复苏，并于8分钟内进行进一步生命支持，则患者的生存率约为43%。心肺复苏强调黄金4分钟，通常4分钟内进行心肺复苏，有32%的概率能救活患者；4分钟以后再进行心肺复苏，只有17%的概率能救活患者。

心肺复苏是针对心跳、呼吸骤停的急症危重患者所采取的抢救关键措施，即通过胸外按压形成暂时的人工循环并恢复病人的自主搏动，采用人工呼吸代替自主呼吸，快速电除颤转复心室颤动，以及尽早使用血管活性药物来重新恢复自主循环的急救技术。心肺复苏的目的是开放气道、重建呼吸和循环。人们充分了解心肺复苏的知识，并接受过此方面的训练后才可以为他人实施心肺复苏。

（二）心肺复苏的操作步骤与方法

如果是专业医护人员，其应在10秒内做出患者是否有脉搏的判断；对于一般非专业医务人员，不要求其检查脉搏。心肺复苏的步骤是判断意识与呼吸、呼喊求救、调整体位、胸外按压、开放气道、人工呼吸。心肺复苏的具体操作步骤与方法如下。

1. 判断意识与呼吸

一般来说，事故发生后首先要进行的是对患者意识的诊断，也就是检查患者是否有反应。施救者可以用双手轻拍患者的肩膀，然后对其侧耳根部大声呼喊"喂，你怎么了，需要帮助吗？"等。如果患者有意识，则保持康复体位；如果患者没反应，说明患者已经丧失意识。接着，检查患者呼吸，观察患者胸部5～10秒，以判断患者的呼吸状况，确定患者是否有呼吸以及呼吸是否正常，以尝试区分濒死喘息的患者（即需要心肺复苏的患者）和可正常呼吸且不需要心肺复苏的患者。

2. 呼喊求救

在经过判断后，应尽快呼救。呼喊附近可以帮忙的人，同时拨打120急救电话。

3. 调整体位

如果患者突然没有意识，同时大动脉搏动消失，具备这两点就要做心肺复苏。在抢救的时候需要注意患者的体位，施救者需要把患者摆放成仰卧位，原因是只有在仰卧位时才能进行有效抢救。在移动患者时一定要注意保护患者的颈部，应该托住患者的颈部进行轴向搬动，同时要解开患者的衣服和裤带。

4. 胸外按压

胸外按压是利用人工的力量，间接压迫心脏，使心脏被动地收缩和舒张，维持血液循环的急救方法。以下以施救者在患者右侧为例进行介绍。

按压位置：剑突上两横指，两乳头连线的中间。先沿着肋弓找到剑突，再确定按压部位。抢救者将右手的中指沿患者一侧的肋弓向上滑，移至双侧肋弓的汇合点，中指定位于此处，食指紧贴中指并拢，以左手的掌根部紧贴右手食指平放，使左手掌根的横轴与胸骨的长轴重合。左手掌根部（即按压区），固定不要移动。此时，可将定位之手（即右手）叠放在左手的手背上，两手掌根重叠，十指相扣，左手的手指抬起，以避免按压时损伤肋骨。两臂保持伸直，用

上体力量用力按压。(图9-6-23)

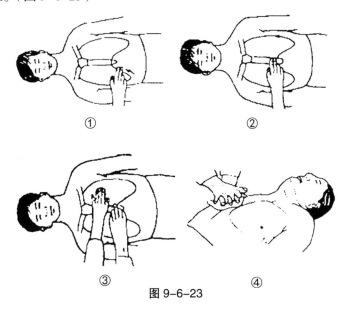

① ② ③ ④

图 9-6-23

5. 开放气道

开放气道时,要注意观察口腔里是否有分泌物和异物,有分泌物和异物要及时清理,如有假牙应一并清除,畅通气道。开放气道的手法有仰面抬颌法和托下颌法两种。在确定患者颈椎未损伤时,应使用仰面抬颌法开放气道;当高度怀疑患者颈椎损伤时,应使用托下颌法。因为后者难度较大,不利于进行人工通气,使用不当易导致气道阻塞,所以一般情况下不建议使用该方法。

(1)仰面抬颌法:把一只手放在患者前额,用手掌把额头用力向后推,使头部后仰;另一只手的手指放在下颌骨处,向上抬颌,使牙关紧闭。下颌向上抬动,勿用力压迫下颌部软组织,否则有可能造成气道梗阻,避免用拇指抬下颌。(图9-6-24)

(2)托下颌法:两手放置在患者头部两侧,肘部支撑在患者躺的平面上,握紧患者下颌角,用力向上托其下颌。如患者紧闭双唇,可用拇指把口唇分开。如果需要行口对口呼吸,则将下颌持续上托,用面颊贴紧患者的鼻孔。(图9-6-25)

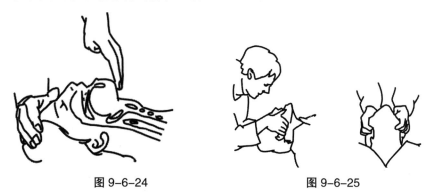

图 9-6-24 图 9-6-25

6. 人工呼吸

开放气道后进行人工呼吸。如果在医院外,可以进行口对口人工呼吸,吹气的量不能太大或吹气时不能太急促，应在平静状态下给患者吹气，每次吹气1秒，间隔1秒再进行第二次吹气。连吹两口气之后立即进行胸部按压，按压与吹气次数比为30：2，即每按压胸部30次，吹气2次。这是一个人在现场施救的操作方法。如果是两个人施救，则一人负责按压，另一人负责通气，但切勿按压和通气同时进行。

口对口人工呼吸时，要用一只手将患者的鼻孔捏紧（防止吹气时气体从鼻孔排出而不能由口腔进入肺内），深吸一口气，屏气，用口唇严密地包住患者的口唇，注意不要漏气，在保持气道畅通的前提下，将气体从患者的口腔吹入肺部。吹气后，口唇离开，并松开捏鼻的手指，使气体呼出。观察患者的胸部有无起伏，如果吹气时，患者胸部抬起，说明气道畅通，口对口吹气的操作是正确的。（图9-6-26）

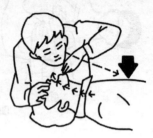

图 9-6-26

在急救车到来之前，需要按照"判断意识与呼吸—呼喊求救—调整体位—胸外按压—开放气道—人工呼吸"的程序进行抢救。在此期间不能耽误时间，否则会直接影响心肺复苏的效果。

第十章　特殊人群的体育锻炼

第一节　肥胖者和消瘦者的体育锻炼

一、肥胖者的体育锻炼

（一）肥胖的概念

按照世界卫生组织的定义，肥胖是指可损害健康的异常或过量脂肪累积。肥胖是长期能量正平衡的结果，往往伴随着体内脂肪的增加。此外，脂肪增加的程度、脂肪在人体内的分布以及伴随的健康状况的改变在肥胖者间有很大的个体差异。体重指数等于或大于 30 为肥胖，等于或大于 25 为超重。

（二）运动减肥法的原理

运动减肥法的作用主要在于调节代谢功能、增强脂肪消耗、促进脂肪分解。运动可以增加人体对碳水化合物和蛋白质的利用，防止多余的碳水化合物和蛋白质转化为脂肪，从而减少脂肪的形成。碳水化合物是人体的主要供能物质，运动能消耗摄入的碳水化合物和储备的碳水化合物，阻止多余的碳水化合物转化为脂肪。运动能增加肌肉组织中蛋白质的含量，使肌纤维增粗，减少脂肪的储存。

（三）不利于健康的减肥方法

1. 节食减肥

有些人减肥的意愿一时强烈，进行节食减肥，一天只摄入很少的食物，一个月内减掉 8 千克甚至更多的体重。尽管这种快速减肥的成功例子不少，但这一方法不值得提倡。原因是这些人经过一时强力节食的减肥并达到目标后，意志容易松懈，在意志消退后，体重迅速回升。由此看出，盲目追求低热量而忽略营养的均衡更是万万不可取的，身体细胞需要足够的营养才能维持正常的新陈代谢。节食减肥不仅极易出现反弹，还会损害身体健康。

2. 腹泻减肥

腹泻也能实现减轻一定体重的目标，其原理与节食相似，即摄入的食物及营养还没有被吸收就被排出体外。腹泻减肥的害处是显而易见的，腹泻排掉的是养分和大量的水分，时间久了会导致机体营养不良，消化系统功能出现紊乱以至受损。

3. 脱水减肥

很多减肥失败的人都尝试过高温瑜伽或蒸桑拿，以大量的出汗来使体重下降，还有的人尝试喝含利尿剂的茶，利用脱水来使体重暂时降低。这些方法都会对血脂、血糖的代谢产生不良影响，而且这种减肥方法只是减去身体水分，减少体重秤上的数字。这种改变只是暂时的，只要及时补充水分，体重很快就增长回来了。

4. 代餐减肥

不少代餐产品的热量远低于减肥建议的最低热量标准，不适合大多数超重或轻微肥胖的人群。长期热量不足，尤其缺乏充足的碳水化合物，容易造成血糖不稳定、反应迟钝等后果。不是所有代餐产品都能提供丰富的营养素。例如，果蔬汁缺乏蛋白质、脂肪、大部分B族维生素、钙、铁等多种营养素，而缺少脂肪，还会影响维生素A、维生素D、维生素E、维生素K等的吸收。长期代餐减肥会导致营养不良，造成免疫功能下降等。

5. 药物减肥

减肥药物主要分两类。一类是含有食欲抑制剂的减肥药，主要作用于神经中枢来抑制食欲，从而起到减肥的作用，但是此类药物可造成血压升高、心率加快等。另一类是含有神经类药物的减肥药，作用于大脑神经，不是抑制食欲，而是让人体不吸收营养物质，加快新陈代谢，从而减少吸收热量和消耗脂肪，但是长期服用会造成脑卒中、心脏病、脑神经损伤、记忆力受损、其他脑血管问题、精神状态不正常等严重后果，其潜在危险性远远大于肥胖的危险性。

（四）减肥的主要训练方法

目前，调整饮食并结合适量的运动是世界公认的防治肥胖的经济、有效、无副作用的方法，也是科学减肥的最佳方案。

研究表明，运动，尤其是有氧运动，是最有效、最健康的控制体重的方法。有氧运动是一项以有氧代谢为主的耐力性运动，可以提高人体新陈代谢，促进能量的消耗，避免机体过剩的能量转化为脂肪积聚，同时也可以使机体已积聚的脂肪得以分解。

科学减肥提倡进行动力型的有氧运动，并有大肌肉群参与的中、低强度运动。中等强度运动的心率为 $100 \sim 120$ 次/分；低强度运动的心率为 $80 \sim 100$ 次/分。男、女进行中等强度运动每分钟消耗的热量分别为 $20 \sim 29$ 千焦和 $14 \sim 21$ 千焦；男、女进行低强度运动每分钟消耗的能量分别为 $8 \sim 19$ 千焦和 $6 \sim 13$ 千焦。

与一般健身运动相比，减肥时运动的时间应相对延长些，可由小运动量开始，每日安排30分钟，待适应后再逐步增加至应达到的目标。每天进行60分钟甚至更长时间的运动，时间不一定连续，可将多次运动的时间累加，每次运动消耗的总热量须达 1250 千焦。对于一个极度肥胖的人，即使走路可能都是很大的负担。因此，选择运动种类时，要量力而为，以身体能承受的负荷为标准，逐渐加大运动量，以免心肺承受不了相应的负荷，或导致肌肉、关节受伤。表 10-1-1 中列举了数种能消耗 1250 千焦的运动，以供参考。

表 10-1-1　消耗 1250 千焦能量的运动分类表

运动项目	运动时间
慢　跑	40 ～ 50 分钟
骑自行车	60 ～ 75 分钟
散　步	60 ～ 90 分钟
快走或使用跑步机（6 千米 / 时）	40 ～ 50 分钟
游　泳	30 ～ 40 分钟
上下楼梯	2000 级（不计时间）
跳　绳	30 ～ 40 分钟
有氧健身操	40 ～ 50 分钟

运动的时间可安排在空腹时，此时运动所消耗的能量主要由脂肪氧化分解提供，适宜在早晨或下午进行锻炼。尽量坚持每天锻炼，若无法做到，至少也要每周进行 4 ～ 5 天锻炼才能达到一定的瘦身效果。

肥胖是一种慢性病，需要长期治疗，因此，强调预防显得尤为重要。合理地进行饮食调整和坚持运动对预防肥胖很有效。膳食控制、运动控制与行为矫正相结合，是最有效的预防肥胖的措施，其中运动控制起着十分重要的作用。

（五）减肥者的饮食

以下是对减肥者的饮食建议。

（1）多补充含有丰富烟酸、维生素 B_2、维生素 B_6 等维生素的食物，促使体内脂肪释放能量。

（2）多补充水，以利于脂肪溶解，若体内缺水，脂肪就会沉积。因此，有肥胖基因或有肥胖趋势的人，每天最好喝 8 杯（约 2000 毫升）温开水，但应多次少量，忌一次多量。

（3）少吃高脂肪、高热量的食物，少吃味精、胡椒、盐、糖等易刺激食欲的调味品，多吃蔬菜。鼓励摄入低能量、低脂肪、含有适量蛋白质和碳水化合物、富含微量元素和维生素的膳食。

（4）烹调最好采用蒸、煮、凉拌等方式。

（5）多餐少食，每日四五餐，每餐七八分饱，最好常喝粥。

（6）餐前喝汤；进餐时，细嚼慢咽，每口饭最好咀嚼 30 下左右；正餐的进餐时间最好不少于 20 分钟。

（7）食物的品种要丰富，但每种的摄取量不宜过多。

（8）早餐吃饱、吃好，难消化的肉、蛋类等应在早餐、午餐食用；晚餐宜少、宜早，安排在晚上 6 点左右为好；餐后散步，进餐时间与睡觉时间最好间隔 3 小时以上；尽量不吃夜宵。

（9）避免滥用含有激素的营养滋补品。

（10）一日三餐的热量分配比例以保持在早餐占 30%、午餐占 40%、晚餐占 30% 为佳。

二、消瘦者的体育锻炼

（一）消瘦的概念

人体因疾病或其他因素而导致体重下降，低于标准体重的 10% 以上时，称为消瘦。

（二）如何判断消瘦

体重指数（BMI）是用体重（千克）除以身高（米）的平方得出的数据，是目前国际上常用的衡量人体胖瘦程度以及是否健康的标准。

$$体重指数（BMI）= 体重（千克）/ 身高^2（米^2）$$

BMI 小于 18.5 表示体重过低，即消瘦。

（三）消瘦的种类

1. 吸收不良型

吸收不良型的消瘦者，一般表现为脸色缺乏光泽，身体偏向干瘦。这类人群的主要问题是肠胃的消化吸收能力差。

2. 劳碌型

劳碌型的消瘦者，操心的事情比较多，睡眠质量不好，又非常勤劳，大脑和身体很少休息，精力消耗大，体力透支。

3. 体弱型

体弱型的消瘦者通常没有什么疾病，只是抵抗力较差，体力略差一些。这种人通常体力活动少，生活以静态为主。

（四）消瘦者的科学锻炼

1. 合理安排运动量

运动量的安排是科学锻炼的重要环节之一。实践证明，消瘦者应以中等运动强度（心率在 130 ～ 160 次/分）的有氧锻炼为主，器械重量以中等负荷（最大肌力的 50% ～ 80%）为佳。时间安排可以每周练 3 次（隔天 1 次），每次 1 ～ 1.5 小时。每次练 8 ～ 15 个动作，每个动作做 3 或 4 组。做法是快收缩、稍停顿和慢伸展。连续做一组动作的时间为 60 秒左右，组间间歇时间为 20 ～ 60 秒，每种动作间歇 1 ～ 2 分钟。

2. 打好基础

消瘦者在初级阶段（前 2 ～ 3 个月）最好能参加正规的健美健身机构的训练，学习锻炼方法，以便正确和系统地掌握动作技术，全面提高身体素质。特别要注意肌肉力量和耐力的锻炼，逐步提高机体的适应能力，为以后的身体锻炼打下良好的基础。

3. 有重点和针对性地训练

消瘦者经过 2～3 个月的锻炼后，体力会明显增强，精力也会比以前充沛。这时，应重点锻炼大肌肉群，如胸大肌、三角肌、肱二头肌、肱三头肌、背阔肌、臀大肌、股四头肌等肌肉，运动量要随时调整。另外，同一个部位的肌群可采用不同的动作、不同的器械进行锻炼。一般情况下，练习动作一个半月到两个月应变换一次。此外，锻炼时精神（意念）要集中于所练部位，切忌谈笑、听音乐等。坚持锻炼半年到一年，体型就会发生显著的变化。

消瘦者进行健美锻炼时，最好少参加其他运动项目的锻炼，特别是耐力性项目的运动，如长跑、踢足球、打篮球等。这些运动消耗的能量较多，不利于肌肉的增长，会越练越瘦。

4. 坚定信心，持之以恒

消瘦者要使体型由瘦变壮，不是短期可以实现的，希望"一口吃个胖子"的想法和练法都是不对的，因锻炼方法不对、效果不明显而丧失信心也不行。坚定信念，做好吃苦的准备，以高昂的情绪进行科学的、有计划的和坚持不懈的锻炼，才能获得最后的成功。

第二节 哮喘患者的体育锻炼

一、哮喘的分类 ■■■■■■■

哮喘，即支气管哮喘，有两种类型：一种是外源性哮喘（过敏性哮喘），常由某些可触发患者过敏的物质（变应原）引起，如空气中的污染物、花粉、灰尘、动物气味、霉菌、食物的化学成分等；另一种是内因性哮喘（感染性哮喘），可能是由呼吸系统感染（如感冒、气管炎等）造成的，也可能是情绪因素所致。

二、体育锻炼与哮喘 ■■■■■■■

运动是引发哮喘的一个重要因素。研究者发现，在哮喘性受试者中，60%～90%的哮喘是运动诱发的气管痉挛。哮喘患者在较剧烈运动的早期会出现体内气流阻力减小现象，但继续运动，体内气流阻力会继发性增大。更为严重的是，剧烈运动或持久地用力所带来的急性呼吸窘迫很可能在停止运动的数分钟内才出现。在一般情况下，痉挛在剧烈运动或用力后 6～8 分钟到峰值，20～40 分钟后会自行缓解，有时也可能会持续1小时之久。在体育活动中，耐久性项目（耐力跑、骑自行车）引发哮喘的概率要比间歇性项目（球类、游戏）大得多。因此，体育活动还是检测潜在性支气管痉挛的一种手段。研究表明，因运动而诱发的哮喘，是由运动时过度通气所引起的呼吸道内水和热量丢失，直接或间接地刺激平滑肌而触发的。

其实，对于哮喘患者而言，只要采取适当的预防措施，体育锻炼不失为一种既安全又可行的健身方法。虽然在运动开始时，哮喘患者会有咳嗽、哮喘等不良症状，但经常锻炼不仅能缓解哮喘病症，缩短身体不适的时间，减少运动性哮喘的发作次数，还能提高哮喘患者的机体免疫能力和适应能力。塞利格曼等人指出，8 周的集体游戏和水上游戏训练后，哮喘患者在活动平板上步行时，心率比训练前降低。沃克的实验也发现，每天 1 小时的体育活动可使哮喘患者的心率在安静时和在体育活动中都呈现下降趋势，机体各器官、系统活动的功能较以前有较大的提高，特别是心肺功能得到很大改善。

三、哮喘患者锻炼的注意事项 ■■■■■■■■■

哮喘患者锻炼时应注意如下事项。

（1）在锻炼前，准备活动要做充分，尤其要做数分钟的呼吸准备性练习。

（2）不要用口呼吸，要养成用鼻呼吸的习惯，并逐渐形成"吸短呼长"（吸与呼的时间之比约为 1∶2）、"呼吸轻缓"（平稳）的呼吸模式。

（3）衣着宽松，确保呼吸时胸腹可轻松自由地起伏。

（4）最好不要独自一人运动，注意随身携带哮喘气雾剂。

（5）避免在寒冷的天气和污染的环境进行锻炼。

（6）要特别注意对呼吸肌的锻炼，如主动地开怀大笑，经常地进行吹起飘落的气球、吹灭点着的蜡烛、吹动桌上的乒乓球等锻炼。

第三节　神经衰弱患者的体育锻炼

一、神经衰弱的概念 ■■■■■■■■■

神经衰弱是一种常见的神经症，一般表现为精神容易兴奋、脑力容易疲劳，并伴有睡眠障碍、各种躯体不适感等症状。

二、神经衰弱形成的原因 ■■■■■■■■■

（一）心理社会因素

心理社会因素是诱发神经衰弱的重要原因。学习、工作的过度疲劳和紧张积累，生活规律的紊乱，消极情绪的影响等，均会导致神经衰弱的产生。从个性角度来看，神经衰弱患者常会敏感、多疑、自卑、任性、好强、急躁或依赖心强。

（二）生理因素

个体先天和后天所形成的生理特征，也与神经衰弱的发病有一定的联系。从先天遗传角度来看，患者家族中有重性精神疾病或神经症者的比例大大超出普通人群的家族。从神经活动的特征来看，那些神经活动呈弱型、低灵活性的个体，在长期紧张的工作和学习中，最易产生内抑制的防御能力的破坏，从而出现神经系统活动的紊乱。

（三）疾病因素

有脑外伤、细菌感染、营养不良的人，因其神经系统的功能在一定程度上受到削弱，也易患神经衰弱。

三、体育锻炼对神经衰弱患者调节的意义 ■■■■■■■■■

研究资料表明，体育锻炼对于调节神经衰弱具有重要的作用。人体所有的组织、器官都在神经系统的调节下随意或自主地活动。体育锻炼时，大脑皮质与运动有关的区域（运动区）即出现一个新的兴奋区域，被称为兴奋灶。该兴奋灶会有规律地兴奋，使大脑皮质的兴奋—抑制过程出现新的分配、转移，即原先负责工作、学习的大脑皮质的相关区域，在体育锻炼时由于大脑皮质运动区的工作，而得以积极地休息。坚持不懈地锻炼，可以改善大脑皮质兴奋—抑制过程的灵活性，改善神经系统的功能，加速神经衰弱患者的恢复。因此，有人把体育锻炼比喻成"神经活动的体操"。

此外，体育锻炼还能分散、转移患者对疾病、工作、学习等的注意力，缓解或消除患者的烦躁、抑郁、易怒等不良情绪，起到振奋精神、改善情绪状态的作用。

四、神经衰弱患者的体育锻炼方式 ■■■■■■■■

神经衰弱患者锻炼时，应注意以下几方面。

（1）建议患者在日常生活中参加慢跑、太极拳之类的体育运动。这些运动对神经系统有着良好的调节作用，能够促进神经系统兴奋和抑制的良性转化。

（2）神经衰弱患者在日常生活中还可以进行一些球类的运动，如篮球、排球、乒乓球等，夏季还可以游泳。游泳是一种耗氧量比较大的体育运动，患者可以在水中舒缓自己的压力，能够慢慢减轻神经衰弱的症状。

（3）神经衰弱患者还可以多跳广场舞，但是不宜在睡前进行剧烈的运动。应该依照每个人的自身条件，循序渐进地进行，运动强度不要过大。在广场上多与人沟通交流，也有助于让自己心情愉悦。

五、神经衰弱患者体育锻炼的注意事项

神经衰弱患者进行体育锻炼应注意以下事项。

（1）要有耐心，克服急于求成的心态。坚持长期锻炼，就会取得明显的效果。

（2）选择环境优美的场所进行锻炼。同时，也要主动地创造一个良好的生活和学习环境。

（3）形成科学的生活方式，合理安排自己的学习和休息时间，注意充分休息。

（4）时刻关注自己的感受。在运动中，一旦出现大量出汗、心跳加速、情绪激动等症状，就应注意调整锻炼时的运动强度。

（5）养成对运动后恢复时间的自检习惯。若心率恢复时间超过10分钟，说明锻炼的运动强度过大，应该重做整理活动，并在下次锻炼时减小运动强度；若心率在5分钟内即已恢复到安静状态，则表明仍有逐步提高运动强度的潜力。最佳的运动强度是在运动后5～10分钟，心率恢复正常。

第四节 心血管疾病患者的体育锻炼

一、心血管疾病的危害

（一）冠心病导致的猝死

心血管疾病除了心脏先天器质性疾病，主要指冠状动脉硬化性心脏病，即冠心病，起因主要是心脏血管硬化，无法供应心肌足够的血液和氧。

冠心病的危害是致命的，具体如下：起病隐匿，有人心肌缺血时毫无症状；发病迅速，虽然动脉硬化的过程需要几年甚至数十年，但几分钟内就可引发心绞痛和心肌梗死，很多患者缺乏足够的准备，导致死亡率极高。

（二）血栓导致的脑卒中、猝死

心血管疾病患者多有动脉硬化，其危害也是相当严重的。动脉硬化到一定程度，血管壁上的沉积物加上黏稠的血液，可造成不同程度的血液凝块进入血液循环。血液凝块可能造成血管堵塞，形成血栓。血栓如果出现在大脑中或脑动脉硬化破裂，便可造成大脑局部缺血性坏死，也就是脑卒中。坏死的脑区不同，其产生的结果也不同，轻则口眼歪斜、偏瘫，重则死亡。血栓如果发生在心脏，则可造成心脏局部缺血性坏死，导致心肌梗死，预后不良，甚至死亡。

（三）大量危险并发症

心血管疾病发展到后期，由于心脏长期泵血不足，全身器官都有可能因淤血缺氧而遭到不同程度的损害。肺部淤血易造成肺部感染，肝脏、肾脏长期淤血缺氧可出现肝硬化、高血压、肾衰竭，这些症状又反过来加重心血管疾病的病情。心血管疾病合并高血压、糖尿病等疾病，对身体的危害更大。

二、心血管疾病患者体育锻炼的意义 ■■■■■■■■■

体育锻炼是冠心病康复治疗方案中的重要组成部分。体育锻炼（运动疗法）可控制冠心病的危险因素，如降低血压、甘油三酯和体脂，提高高密度脂蛋白胆固醇水平，提高糖耐量，以及调节心理状态（减轻压抑和焦虑）。研究表明，体育锻炼有可能降低血液黏稠度和血小板的凝聚力，并提高纤溶蛋白酶的活性，从而降低冠心病发作的危险。此外，研究还发现，体育锻炼可以明显降低猝死的发生率。总之，冠心病患者如果能及早进行体育锻炼，就可以缩短住院时间，并增加恢复正常工作能力的可能性。

体育锻炼可以调节自主神经系统的功能，降低交感神经的兴奋性，提高副交感神经系统的兴奋性，缓解小动脉痉挛，扩张运动肌的血管，增加毛细血管的密度或数量，改善血液循环和代谢能力，以及降低机体对外界刺激的心血管应激反应等，从而可以稳定血压水平。

三、心血管疾病患者体育锻炼的方法 ■■■■■■■■■

（一）冠心病患者的体育锻炼

冠心病患者理想的运动包括有氧运动、力量性练习、娱乐性运动、放松性练习、职业性运动、医疗体操以及传统的锻炼方法等。以下就前四种锻炼方法进行介绍。

（1）有氧运动是冠心病患者的主要锻炼方法。常用的有氧运动包括健步走、慢跑、游泳、骑车、登山、滑雪等。运动强度应控制在 50%～80% 的最大摄氧量或 60%～90% 最大心率范围之内。每次锻炼的时间至少为 15 分钟，每周 3 次以上。一般而言，中低强度的运动最适合冠心病患者。

（2）力量性练习曾一度被排除在心脏病患者的康复方法之外。然而，自1986年起，一种叫作循环力量练习的方法开始被应用于冠心病人的康复训练。练习强度一般控制在一次40%～50%的最大抗阻负荷，在10秒内重复8～10次的肌肉收缩为1组，5组左右为1个循环，每组运动之间休息30秒，一次练习重复2个循环，每周练习3次。在逐步适应后，可按5%的增量逐渐加大运动量。练习应以大肌群（腿、躯干和上臂）为主。在进行力量练习时，肌肉的收缩应缓慢。

（3）娱乐性运动较适合冠心病患者，如各种棋牌类活动、交谊舞等。冠心病患者应避免参与任何有竞争性的运动，以免产生过强的心血管应激。

（4）放松性练习也较适合冠心病患者，如腹式呼吸锻炼、放松术等。

（二）高血压患者的体育锻炼

适合高血压患者的体育锻炼有如下几种。

（1）低强度有氧运动。常用的方法是健步走，运动强度一般应控制在最大心率的50%～60%。停止运动后，心率应在3～5分钟恢复正常。步行的速度应不超过110米/分，一般为50～80米/分，每次锻炼30分钟左右。活动强度越大，越要注重准备活动和放松整理活动。

（2）降压舒心操、太极拳和其他拳操。要求锻炼者在锻炼时，动作柔和、舒展、有节律、注意力集中、肌肉放松、思绪宁静，动作与呼吸相结合。若有弯腰动作，应注意头不宜低于心脏位置。一般在完成一套降压舒心操或太极拳后，锻炼者血压可下降10～20毫米汞柱。

（3）抗阻运动。近年来的研究显示，中低强度的抗阻运动可产生良好的降压作用，不会引起血压升高。一般应采用循环抗阻练习，即采用相当于最大收缩力的40%作为运动强度；还应做大肌群（肱二头肌、胸大肌、股四头肌等）的抗阻收缩练习，即每节运动重复10～15次收缩，每10～15节为1个循环，各节运动之间休息10～30秒，每次练习一两个循环，每周3次，8～12周为1个疗程。

（4）其他运动。放松性按摩、游泳、音乐疗法等，对预防血压升高也有一定的作用。

第五节　糖尿病患者的体育锻炼

糖尿病是以血糖升高为主要表现特征的新陈代谢性紊乱疾病。葡萄糖是人体主要的能量来源，但葡萄糖必须依靠胰岛素来调节其在人体内的含量。若胰岛素不能正常发挥作用，葡萄糖就会在血液内积聚，糖尿病便随之发生。长期的高血糖会使心脏、肾、神经系统等受到损伤，并引发许多慢性并发症，这也是糖尿病会导致患者死亡的一个主要原因。人们将糖尿病视为威胁人类健康和生命的第三大类疾病。

一、糖尿病的类型 ■■■■■■■■■

糖尿病可以分为 1 型糖尿病和 2 型糖尿病。

1 型糖尿病又被称为胰岛素依赖性糖尿病，通常出现在 30 岁以下的年轻人当中。这类患者一般身体瘦弱，并典型地表现为"三多一降"（多饮、多尿、多食、体重下降）。它是由于机体免疫系统功能衰退，胰脏受到病毒侵袭，加上体内的易感受性，使胰岛素的 B 细胞严重受损，不能分泌出足够的胰岛素以促使细胞利用葡萄糖所造成的。这类患者必须补充胰岛素，否则会发生酮症酸中毒，并危及生命。

2 型糖尿病一般没有胰岛素问题，也不需要进行胰岛素治疗，因此被称为非胰岛素依赖型糖尿病。我国 95% 以上患者所患糖尿病属于这一类型。这一类型的糖尿病通常是由于细胞对胰岛素缺乏敏感性，而使胰岛素分泌的激素转运葡萄糖的能力下降。尽管人们尚不知道该类糖尿病发病的明确原因，但是，"肥胖增加了糖尿病发病率"这一观点是大家公认的。

二、体育锻炼对控制血糖的作用 ■■■■■■■■■

糖尿病患者的康复有三个途径：饮食控制、体育锻炼和服用胰岛素（或适当的药物治疗）。1 型糖尿病患者需服用胰岛素，2 型糖尿病患者 90% 的人可以通过适当的饮食和体育锻炼来控制血糖。需要注意的是，服用胰岛素存在用药量过大而诱发心血管疾病的风险。

有实验发现，运动 30 分钟可使血糖降低 12% ～ 16%，因为体育锻炼能提高葡萄糖进入肌细胞的速度，并增加肌细胞对糖的摄取量。尽管体育锻炼带来的这种良性反应在 1 型糖尿病患者身上维持的时间不长，但大量的实验证明，2 型糖尿病可以较长时间地保持体育锻炼的良性反应。由此可见，用体育锻炼来控制血糖，并延长运动后的良性反应，是一件十分有益的事情。

对糖尿病患者来说，体育锻炼最大的作用是控制体重。众所周知，肥胖会导致血糖和血压的升高，而通过体育锻炼来减肥则可以在不服用胰岛素的情况下帮助人体恢复正常的血糖水平。体育锻炼是帮助糖尿病患者康复的重要方法。

除了控制血糖外，体育锻炼还能影响糖尿病患者的心理过程，使患者在体能和健康水平提高的同时，也能获得更多的自信和自尊，从而体验到人生的幸福。因此，体育锻炼不仅是患者生理健康的需要，也是其心理健康的要求。

三、糖尿病患者锻炼的注意事项 ■■■■■■■■

（一）1型糖尿病患者锻炼的注意事项

在开始锻炼前，1型糖尿病患者应咨询有关医生，学习控制血糖水平的方法，并与医生一起制订运动处方，如对项目的选择、运动时间的确定、运动负荷的安排等。这是患者运动前不可缺少的一步，也是很重要的一步。另外，患者在体育锻炼的过程中要不断地检查自己的血糖水平。体育锻炼就如同一把双刃剑，既可能有利于身体的健康，也可能雪上加霜，使病情恶化。

一般来说，1型糖尿病患者可以像常人一样参加所有的体育活动。不过，1型糖尿病患者更需要养成每天锻炼的习惯，每天锻炼20～30分钟就可以保持运动的良性反应。具体的锻炼原则如下。

（1）要做一次全面体检，并与医生商量锻炼计划，征求医生的意见。

（2）要养成锻炼前、中、后自检血糖水平的习惯。

（3）要了解和检测不同运动项目对自己血糖的影响。

（4）如果医生叮嘱锻炼前减少胰岛素剂量，那么减少的剂量应根据患者所服用的胰岛素类型和其所进行的锻炼项目而定。

（5）锻炼时间应安排在进食后的1～3小时内。

（6）避免对胰岛素注射区域的肌肉进行练习。

（7）不要独自一人锻炼，不要把锻炼安排在晚上。

（二）2型糖尿病患者锻炼的注意事项

（1）锻炼的持续时间是最重要的因素，2型糖尿病患者的锻炼时间应该长于1型糖尿病患者的锻炼时间。患者最初可以每天锻炼5～10分钟，一周后逐渐增加锻炼时间，直到每次锻炼40～60分钟为止。

（2）锻炼的频率以每周3～5天为宜。

（3）运动强度控制在自己最大摄氧量的40%～60%。

（4）锻炼的主要目标是降低体内过多的脂肪，患者要关注自己的体重。

第十一章　体育文化

第一节　体育文化概述

一、体育文化的含义

把体育作为一种文化现象来加以认识，就产生了综合全部体育活动的概念——体育文化。第二次世界大战后，苏联和东欧各国把身体文化作为关于体育广义的概念来使用，认为它是体育文化的组成部分。

1974 年，由国家体委百科全书体育卷编写组编印的《体育运动词汇》中指出，体育文化是广义文化的一个组成部分，它综合了各种利用身体锻炼来提高人的生物学和精神潜力的范畴、规律、制度和物质设施。对体育文化的理解，仁者见仁，智者见智。有人认为，身体文化就是身体锻炼。法国的顾拜旦则认为，体育文化是促进健康和增强体力的身体运动体系。尽管人们对体育文化的认识还没有完全统一，对于其概念的使用范围尚有争议，但是体育发展过程中所产生的观念形态和知识体系，所创造的手段、方法、技术、器械和设施，以及成立的有关的组织、宣传机构等，已经在人类的社会生活中构成了一个独特的文化领域。人们的体育价值观念，运动技能和体育活动的组织管理方法，有关体育报刊、书籍和音像制品的出版发行，广播、电视中的体育节目，体育题材的文艺作品，与体育相关的奖品、宣传品、纪念品及体育文物等一切影响到人们精神生活的方面，均可被划分至体育文化的范畴。

苏联体育理论家马特维耶夫认为，身体文化从广义上讲是社会文化的一部分，是旨在使人的身体完善而合理利用的专门性手段、方法和条件所取得成就的总和。通常可将身体文化分为两个部分：第一部分是社会所利用和创造的一切有价值的东西，即专门性的手段和方法及使用这些手段和方法以保证人们最有效地发展身体并达到一定的身体准备程度；第二部分是利用这些手段、方法和条件的积极结果。身体文化与体育在本质上是一样的，都能够使人的身体完善发展，但二者并不完全相同。在涉及将体育及体育成果作为某种价值的时候，二者相同。体育是社会在发展的过程中，新一代人与老一代人交接身体文化珍品的一个渠道，也是文化珍品的积累方法。

体育文化包括以下三个方面：① 体育物质文化，如为了满足人们的体育需要而开发的各种运动器材和场地设施，为促进体育发展而创造的各种思想物品等；② 体育制度文化，如在体育运动中，人的角色、地位及各种体育活动的组织形式，为促进体育发展而形成的各种组织机构，人们围绕体育而创造的各种直接影响体育活动的原则、制度等；③ 体育精神文化，如依托体育改造人的精神的思想观念及理论体系，通过抽象的声音、色彩等表现体育精神的艺术文化等。

有的学者认为，体育文化是人类体育运动的物质、制度和精神文化的总和，包括体育认识、体育情感、体育价值、体育理想、体育道德、体育制度、体育的物质条件等。这对体育文化的界定是比较准确的。

综上所述，体育文化是在增进健康、提高人们生活质量的过程中创造和形成的一切物质财富和精神财富，包括与之相应的社会组织及规范体育活动的各种思想、制度、伦理道德和审美观念，还包含为达成体育目标而施行的各种改革举措及其相应的成果。

二、体育文化的特性 ■■■■■■■■■

（一）民族性

人类文化的存在和发展，不仅有共性的一面，还有特殊性的一面，甚至具有个性的一面。这种人类文化的差异性，就是文化民族性的表现。不同地域的人类，创造了不同类型、不同形态的文化，又塑造了具有不同文化特征的群体。任何形式的民族文化，都与本民族的形成、延续和发展密切相关，都与本民族的地理环境、人种特点、风土人情、经济条件、生产力水平，乃至社会结构相适应。这些反映本民族的、传统的体育文化规范着本民族的体育行为，也影响着人们的体育价值观念。在儒家文化的长期影响下，中国体育文化形成了以追求"统一""中和""中庸"，重视修身养性，强调娱乐性和技巧性为主要特色的体育文化，如中国武术（图11-1-1）。印度的瑜伽（图11-1-2）则反映了印度民族的体育文化具有和谐性和柔美性特征。

图 11-1-1

图 11-1-2

（二）时代性

时代在不断地演变和发展，不同的历史时期有着不同的生产方式。人们总是生活在一个特定的环境中，这个生活环境对人类产生了重大的影响。人们在生活实践中所创造的文化，也都受这个环境的影响。因此，文化也具有特定的性质、特定的内容和特定的形态，表现出鲜明的时代性。

（三）社会性

文化的社会性，也称文化的群众性。任何文化都离不开大众，更离不开社会。人离开了文化就不能成为真正的人，同样，社会离开了文化就会变成一个愚昧的社会。因此，人、文化和社会三者之间形成了相互关联、相互作用的复合体。

（四）差异性

文化的差异性既表现在不同地区、民族的行为习惯上，也表现在不同价值标准和价值观念上。例如，东方体育文化形成了重礼节、求持中，重自身完善、求个人身心平衡的品格形式，表现了人的内在品质与言行相一致的东方色彩。西方体育文化则表现出竞争、激进和冒险的风格，人们常把身体健美的人视为偶像，表现了外在和言行开诚布公的西方特色。在我国，南方人由于身体灵巧而善于技巧性运动，北方人由于体力充沛而善于力量性运动，如摔跤（图 11-1-3）、马术等；南方人由于身体单薄而更需要相互协作，因此在体育运动中更热爱组织集体项目，如划龙舟（图 11-1-4），北方人由于个子高、力气大及性格上的特征，更乐于组织个性化的项目。

图 11-1-3

图 11-1-4

（五）继承性

继承性也可称为传统性。在养生学的发展过程中，东方人主张以静养生，后来有人主张以动养生，再后来主张动静结合。这是人们对体育文化认识不断深化的过程。例如，中国传统体育文化以前注重修身养性，后来泛化为强身健体，如今则强调自娱与休闲文化并举。同样，中国传统体育文化中的舞龙、舞狮、武术等也已经成为风靡全球的运动项目。

第二节　校园体育文化

一、校园体育文化的含义 ■■■■■■■■■

校园体育文化是指校园内所呈现的一种特定的体育文化氛围。它是学校的师生员工在体育教学、健身运动、运动竞赛、体育设施建设等活动中形成和拥有的所有的物质和精神财富。它是以学生为主体，以课外体育文化活动为主要内容，以校园精神为主要特征的一种群体文化，与校园德育文化、校园智育文化、校园美育文化等一起构成了校园文化群，又与竞技运动文化、大众体育文化组成了广义的体育文化群。

二、校园体育文化的特点 ■■■■■■■■■

校园体育文化是在长期的体育教学实践中逐步形成的，是一种文化的历史积淀。它在社会文化环境和学校自身发展的合力作用下形成，尽管不排除人为的主观努力，但从总体上看是客观的、独立的。教育界有一个共识：凡是育人工作有特色，对外声誉较高的学校，一般都有优良的、健康向上的校园文化，更有丰富多彩、生动活泼的校园体育文化。校园体育文化作为一种客观存在的形态，可以对学校各方面的发展产生积极的作用。

（一）校园体育文化具有连续性和继承性

校园体育文化和其他文化一样，具有历史延续性，是可以形成学校体育传统和风气的。学校体育传统和风气是指一个学校在体育活动方面形成的带有普遍性、重复出现和相对稳定的一种集体行为风尚，是学校教育的一种氛围与环境，是师生员工共同创建的校园文化，是校风的有机组成部分。这种传统和风气作为一种社会文化现象，无法在短时间内形成，需要长期的积累。

（二）校园体育文化具有新颖性

校园体育文化的最大特色就在于它的新颖性。例如，在每年的学校运动会上推出的团体操、健美操、武术表演、广播体操比赛、趣味性游戏等，体育社团在公共场合组织的一些表演、训练和竞赛，校运动队优秀运动员的训练、竞赛等，都能带给大家惊喜。

（三）校园体育文化具有闭合性

学校是一个大组织，其内部由一个个小组织构成，具有组织分明、组织单位集中的特点。

这也使校园体育文化具有闭合性特点：一方面，校园体育文化在内容上向开放的方向发展；另一方面，校园体育文化存在形态上的相对闭合，在校内形成了一个个体育文化圈，如院校里的不同专业、年级、班级、自发组成的专项体育协会等。这些相对闭合的体育文化圈，形成了相对独立的集体、相对固定的群体和相对固定的实践对象。

三、校园体育文化建设措施

（一）加强媒体宣传力度

运用标语、图展、广播等媒体形式，宣传体育文化，使师生员工真正认识到强身健体的重要性，培养他们对体育的兴趣，提高对体育活动的参与程度，使大家都了解体育，参与体育，享受参与体育带来的乐趣。

（二）重视课外体育活动

课外体育活动是开展体育文化活动的主要途径。开展课外体育活动的目的是完成体育锻炼的任务，丰富学生的课余文化生活。课外体育活动对提高学生的锻炼意识和积极性有很好的促进作用。

（三）组织体育知识讲座

开展体育知识讲座是丰富学生体育知识的重要手段。校方可以请校内外体育专家、运动员配合体育教学任务举办讲座，介绍国内外体育赛事、体育形势、体育文化等，以拓宽学生的视野、丰富学生的体育文化知识。

（四）组织体育知识竞赛

学校组织体育知识竞赛具有简单易行的特点。组织者可充分利用学校资源，组织开展班级、年级甚至全校的体育知识竞赛活动，以提高学生对体育的兴趣和参与体育的积极性。

（五）发挥本校体育传统，形成特色体育文化

体育文化的传统和特色，指一个学校在体育方面形成并延续的带有普遍性、重复出现、相对稳定的一种独具特点的文化形态，表现出自觉性、经常性的基本特征，并具有教育、导向、规范、凝聚和激励的力量。各个学校的类型、规模、办学条件、师生构成等不同，再加上学校所处的地区、环境、地理气候等方面的差异，决定了建设校园体育文化的具体思路会有所不同。因此，在建设校园体育文化的过程中，各个学校应该根据本校的具体情况发展校园体育文化，最终形成自己的体育特色。

（六）加强校园体育文化的物质建设

校园里的体育建筑、雕塑、设施、场地等，本身就是一种文化现象，是校内人的内在思想、风格外化的产物。另外，这些物质建设作为校园意识文化的载体，凝聚和展示着校内人的

知识、思想和智慧，体现着校内人的情操、意志、价值观念等多种文化特质，这些特质会折射出该校师生的内心世界，同时，也对在校人员产生潜移默化的影响。此外，体育建筑、场地、设施等作为一种依托，又承载着师生们体育锻炼的实践过程。因此，要努力创造条件来加强校园体育物质文化建设，包括建造体育场馆、添置体育设施、合理地使用已有的场地设施和器材等。

第三节　竞技体育文化

以奥林匹克运动为主要内容的竞技体育在当今及未来均占据主流地位。奥林匹克运动文化是竞技体育文化的杰出代表之一。奥林匹克运动文化包括奥林匹克运动的思想体系和活动内容，是奥林匹克运动在实践过程中所创造的物质财富与精神财富的总和。奥林匹克运动文化的物质财富即物质文化，主要指奥林匹克运动对人体技能的改造、发展，以及所使用的各类场馆、器材等体育设施和由此产生的文化承载物。奥林匹克运动文化的精神财富即精神文化，主要指奥林匹克运动对人的内心世界、社会行为的影响，以及与之相关的各项文化艺术活动。古代及现代奥林匹克运动都蕴藏着丰富的物质文化与精神文化。

一、奥林匹克运动文化的产生与发展

现代奥林匹克运动历经 100 多年的风雨，已发展成人类历史上最盛大的社会文化现象。回顾奥林匹克运动产生与发展的历程，不能不追溯它的源头——古代奥林匹克运动会（以下简称古代奥运会）。它所追求的和平、友谊的精神，所遵循的神圣休战和公平竞争的办赛原则，以及其比赛竞技的组织模式，都对世界体育及现代奥林匹克运动的发展产生了深远的影响。古希腊被视为欧洲文明的发源地，也是古代奥运会的发祥地。古代奥运会的竞技场遗址——奥林匹亚，是每届现代奥林匹克运动会（以下简称奥运会）火炬点燃的地方。

实际上，现代奥运会的起源与古希腊的社会发展有着密切的关系。公元前 8 世纪，古希腊的氏族社会逐步瓦解，城邦制的奴隶社会逐渐形成，建立了 200 多个城邦。城邦各自为政，无统一君主，城邦之间战争不断。战争需要士兵，士兵需要强健的身体，而体育则是培养能征善战士兵的有力手段。因此，为了应对战争，各城邦都积极训练士兵。有的城邦甚至在人们还是儿童时期，就开始令他们从事体育、军事训练，过着军事生活。连续不断的战事使人民感到厌恶，人们普遍渴望能有一个赖以休养生息的和平环境。后来斯巴达王和伊利斯王签订了《神圣休战条约》。该条约规定，各城邦不管任何时候进行战争，都不允许侵入奥林匹亚圣区，若战争发生在奥运会举行期间，则交战双方都必须宣布停战，准备参加奥运会。于是，为准备兵源的军事训练和体育竞技，逐渐变为和平与友谊的运动会。

现代奥林匹克运动的产生有着广阔的时代背景。14—18 世纪，欧洲大陆出现了文艺复兴、宗教改革、启蒙运动三次大的思想文化运动，这为现代奥林匹克运动的兴起奠定了思想基础。资本主义工业化生产和资产阶级教育方式为现代奥林匹克运动的兴起提供了土壤。资产阶级教育家把体育作为培养人才的重要手段予以大力提倡，恢复了古希腊的体育制度。他们还进一步制订了锻炼身体的各种措施，使体育成为培养全面发展的人才不可缺少的教育活动。

法国教育家顾拜旦是公认的现代奥林匹克运动的创始人，他为现代奥林匹克运动的诞生和发展做出了卓越的贡献。在他的不懈努力下，1894年6月16日至24日，国际体育运动代表大会在巴黎举行。这次大会唤起了与会者对古代奥运会的向往，与会代表一致同意顾拜旦的主张，决定复兴奥运会，并通过了复兴奥运会的决议。1896年4月6日至15日，第1届现代奥林匹克运动会在雅典如期举行。到2016年里约热内卢奥运会，参赛国家和地区已达到207个。现代奥林匹克运动的影响力远远超出了体育范畴，其对当代世界的政治、经济、哲学、文化、艺术、新闻传媒等诸多方面产生了一系列不容忽视的影响。奥林匹克运动不仅构成了现代社会所特有的体育文化景观，还以其独有的文化魅力愉悦着人们的身心，以其强烈的人文精神催人奋进。它已成为人类社会友谊、团结的象征，为维护世界和平和推动人类社会的进步做出巨大贡献。

二、奥林匹克运动文化的特征

奥林匹克运动文化以欧洲文化为主要特征，原因是奥林匹克运动发源于欧洲，而且最初的参加者也主要来自欧洲和北美国家。现代奥运会不是古代奥运会的简单翻版，作为一种文化，它是对古代奥运会的继承和发展，是带有古代奥运会传统色彩的具有现代思想内涵的国际体育盛会。总的来说，奥林匹克运动文化具有平等化、国际化、理性化和人文化的特征。

（一）平等化

古代奥运会由于受到古希腊体育文化及古希腊宗教文化的影响，种族主义、阶级性和性别歧视特别明显，做出了禁止外来居民、奴隶参加，禁止妇女观看和参加比赛的规定。

随着时代的发展、社会的进步，现代奥运会已经完全摆脱了这种束缚。《奥林匹克宪章》对参赛选手资格做出了明确的规定，即凡是遵守《奥林匹克宪章》《世界反兴奋剂条例》的运动员，无论种族、国家、阶级、性别如何，都可以参加奥运会。这充分体现了体育面前人人平等、重在参与的奥林匹克宗旨。奥林匹克运动精神教导人们在生活中最重要的事情不是胜利，而是斗争，不是征服，而是拼搏。这一精神影响着人类社会活动的各个领域，不断地推动着人类社会的发展与进步。

（二）国际化

古代奥运会对参赛选手的资格是有限制的。最初规定参赛者必须具有希腊血统和自由人身份，并且是没有犯罪记录的男性公民。现代奥运会刚开始时，参赛国以欧洲国家为主，这阻碍了体育文化的交流。随着体育的不断普及，奥林匹克运动逐渐深入人心，奥运会的规模也不断扩大（表11-1-1）。1896年第1届现代奥林匹克运动会只有14个国家的241名运动员参加，到

2016 年第 31 届里约热内卢夏季奥运会时，已经有 207 个国家和地区的运动员参与 26 个大项、306 个小项的争夺。由此可见，奥林匹克运动已经成为世界文化的汇合点和各种不同文化间联系的纽带。

表 11-3-1　历届夏季奥运会概况

届　数	举行时间	主办城市（举办国家）	参加国家和地区数	运动员数	运动项目数
1	1896 年	雅典（希腊）	13	331	43
2	1900 年	巴黎（法国）	22	1330	60
3	1904 年	圣路易斯（美国）	12	681	67
4	1908 年	伦敦（英国）	22	2034	104
5	1912 年	斯德哥尔摩（瑞典）	28	2054	106
6	1916 年	柏林（德国）	因第一次世界大战中断		
7	1920 年	安特卫普（比利时）	29	2591	154
8	1924 年	巴黎（法国）	44	3092	126
9	1928 年	阿姆斯特丹（荷兰）	46	2971	109
10	1932 年	洛杉矶（美国）	37	1048	117
11	1936 年	柏林（德国）	49	3963	129
12	1940 年	东京（日本）	因第二次世界大战中断		
13	1944 年	伦敦（英国）	因第二次世界大战中断		
14	1948 年	伦敦（英国）	59	4062	136
15	1952 年	赫尔辛基（芬兰）	69	4955	149
16	1956 年	墨尔本（澳大利亚）	72	3314	145
17	1960 年	罗马（意大利）	83	5338	150
18	1964 年	东京（日本）	93	5151	163
19	1968 年	墨西哥城（墨西哥）	112	5516	172
20	1972 年	慕尼黑（德国）	121	7123	195
21	1976 年	蒙特利尔（加拿大）	92	6084	198
22	1980 年	莫斯科（苏联）	80	5179	203
23	1984 年	洛杉矶（美国）	140	6829	221
24	1988 年	汉城（现首尔，韩国）	159	8465	237
25	1992 年	巴塞罗那（西班牙）	169	9356	257
26	1996 年	亚特兰大（美国）	197	10788	271
27	2000 年	悉尼（澳大利亚）	199	10651	300

届 数	举行时间	主办城市（举办国家）	参加国家和地区数	运动员数	运动项目数
28	2004 年	雅典（希腊）	201	11099	301
29	2008 年	北京（中国）	204	11438	302
30	2012 年	伦敦（英国）	205	10568	302
31	2016 年	里约热内卢（巴西）	207	11303	306

（三）理性化

奥林匹克运动从古代奥运会创始之初就强调人的身心和谐发展。人们认为竞技优胜者不仅应具有高超的技艺，还应该道德高尚、知识丰富、内心充实、体魄健美和举止优雅，这体现出人们极强的理性认识。古代奥运会在发展初期，受到欧洲文化、宗教文化等主导文化的制约，强调物质层面的发展，因此当时的人们主要追求外在形体健美等表面化的内容。

随着社会的发展，人们对于奥林匹克运动文化的认识开始由感性深入理性，即从"形体美"深入"心灵美"，开始着重强调其精神层面，即要求锻炼者在身体健美和体态端正的基础上达到意志、品质和身心的完美结合，这充分体现了奥林匹克运动文化的理性化特征。

（四）人文化

每一届奥运会的举行都能很好地体现奥林匹克运动的文化主题。

20 世纪的奥林匹克运动以竞技体育运动为核心，主宰了体育运动发展的命运，营造了 20 世纪灿烂夺目的竞技运动文化，并积极地影响着人们的文化生活。然而，20 世纪的竞技体育运动却出现了两大危机：一是奥林匹克运动的参与者忽视自己的身份，放弃自我约束，贿选丑闻不断被曝光；二是兴奋剂破坏了奥林匹克的形象，引发了人们对奥运会的质疑。

"现代奥运之父"顾拜旦曾明确指出，奥林匹克精神，首先是文化概念。当今，在市场经济背景下，体育要讲求经济效益，但也绝不能忘记奥林匹克运动是一种文化。基于此，2008 年的北京奥运会将奥运会主题定为"人文奥运"，这体现了当今社会人们追求体育与人文精神的统一，这也为未来奥运文化的整合展示了一个全新的走向。

三、奥林匹克运动文化的价值 ■■■■■■■■■

奥林匹克运动作为一种独立的社会文化形态，在人类社会的发展过程中，影响着人类的物质层面和精神层面的价值取向。

奥林匹克运动文化主题的设计，从一开始就是人类在生存与发展的过程中所向往的文化价值的体现。奥林匹克格言、奥林匹克主义、奥林匹克精神等，对奥林匹克的文化价值做出了十分精辟的阐述。总的来说，奥林匹克运动文化的价值可以概括为以下三个方面。

（一）激发精英精神与拼搏意识

在古代奥运会时期，竞技运动得到了社会各界的广泛支持和尊重。作为竞技场上的优胜者，不仅会得到橄榄枝冠、棕榈枝花环、月桂冠、塑像等奖励，人们还会为其举行盛大庆典，更重要的是，他们会像英雄一样受到故乡人们的崇拜并成为人们的榜样。其原因就在于奥林匹克运动推崇精英，奥林匹克运动教育人们要努力成为一个真人、完人，一个有智慧和不断超越自我的人。

同时，古希腊人在当时社会背景的影响下，具有十分强烈的拼搏精神。无论是在竞技场上，还是在现实生活中，他们都崇尚"永远争取第一，永远争取超过别人"这一观念。奥运会文化的设计者早就意识到了这一点，他们设计出的"更快、更高、更强——更团结"的奥林匹克格言就集中体现了这种拼搏精神，这种精神不断地鼓励和鞭策着人们努力战胜对手，超越自我，永不满足，不断拼搏，向着更高的目标迈进。这种勇于克服各种艰难险阻、付出辛勤汗水争取胜利的拼搏精神对所有人都是一种启迪。

（二）促进世界和平

从古至今，促进世界和平一直是人们共同推崇的文化主题。1618—1945 年，分裂是欧洲历史的代名词。旷日持久的冲突和战争驱使国家机器始终高负荷地运转，人们渴望和平，时代呼唤和平。

19 世纪末，欧洲文化的发展使人从神本主义中走出来，人本主义逐渐深入人心。古代奥运的"休战精神"也在顾拜旦的诠释下升华为"和平、团结、友谊、民主"的文化精神。顾拜旦在《体育颂》中所倡导的"体育就是和平"的奥林匹克理想，正是欧洲希望走向联合、实现休战的和平思想的一种反映，也是人道主义价值观、人生观和世界观的一种表现。

当今社会，生产力高速发展，科学技术突飞猛进，和平已成为世界发展的主旋律。因此，体育将继续为维护人们的尊严和促进社会的和平服务。

（三）为世界文化的交融搭建平台

随着社会的进步，原本地域特征十分明显的民族体育文化，其边界也逐渐趋于模糊、淡化。在当今社会，奥林匹克运动有力地促进了不同体育文化间的交流，体育文化呈现出"东进"和"西移"的新趋势。

研究表明，世界各地的传统体育文化有其深厚的民族性和历史性，民族传统体育文化具有一定的独特性，世界体育文化的根基就蕴含在不同地域的民族传统体育文化之中。因此，未来的世界体育文化既不会以西方文化为主宰，也不会以东方文化为主导。

总之，现代奥运会不是古代奥运会的简单翻版，现代奥林匹克运动文化作为一种全新的理念，必将为人类的发展和进步做出更大的贡献。

第四节　社会体育文化

一、社会体育概述

（一）社会体育的概念

社会体育亦称群众体育，是人们对那些为了娱乐身心、增强体质、防治疾病和培养体育后备人才而在社会上广泛开展的体育活动的总称，在此基础上形成的体育文化被称为社会体育文化。按照不同的分类标准，可将社会体育分为职工体育、农村体育、社区体育、老年人体育、妇女体育、伤残人体育等。社会体育文化就是在社会体育运动的开展过程中，通过宣传、传授等手段，满足群众身体运动和体育欣赏需求的文化内容。

（二）社会体育的需求

社会体育既不同于要求"更快、更高、更强"的竞技体育，也不同于强调教育功能的校园体育。社会体育着重满足参与者的健身、健心、健美、娱乐、医疗等需求。

提高人们的身体素质，保证人们的身心健康是社会体育的根本任务。社会体育在丰富人民群众闲暇生活的同时，满足了人民群众的健身需求。人们通过运动的方式塑造体型，提高身体素质。社会体育在满足了社会健身需求的同时，也满足了社会的健心需求。当今社会要求快捷、高效，必然会造成社会成员心理压力的增大。人们通过参加各种形式的体育运动，将不良情绪发泄出来，有利于心理健康。社会体育对参与者娱乐需求的满足主要表现在通过形式多样、趣味性较强、负荷较小的运动丰富参与者的闲暇生活。

二、社会体育文化的特点

（一）参加对象的广泛性

不同年龄、性别、爱好和职业的人都可以在社会体育中找到适合自己的项目。近年来，弱势群体和特殊群体体育活动的开展，使社会体育面向的对象更加广泛。

（二）活动时间的业余性

作为业余文化活动的内容之一，社会体育服从并服务于生产和工作。近年来，由于人们生活水平的提高和闲暇的增多，体育活动越来越为广大人民群众所喜爱，参加体育活动已成为人们业余生活的重要组成部分。

（三）活动内容的娱乐性

社会体育的活动内容以广大群众喜闻乐见为前提，在群众自愿参与的基础上进行自主选择，是一种非功利性的体育活动。参加者在活动过程中轻松、愉快、没有压力，能享受到社会体育活动带来的快乐。因此，社会体育娱乐的性质在活动过程中占主要地位。

（四）目的的多样性与活动功效的复合性

社会体育是在自愿、自主的原则下进行的，参加活动的人可根据自己的需求确定目标，因此人们参与社会体育活动的目的呈现出多样性的特征。人们在活动的过程中希望达到健身健美、医疗康复、休闲娱乐、社会交往、陶冶情操等不同目的，社会体育文化活动表现出活动效果的复合性。

（五）形式的灵活性与松散性、组织管理的复杂性

人们参与社会体育活动的目的多种多样，在操作的过程中，社会体育文化活动的形式也呈现出灵活多样的特点。与校园体育、竞技体育要求的组织性、纪律性不同，社会体育既然是由人们自愿参加，自主选择项目，遵循因人制宜、因时制宜、因地制宜的原则，其形式的灵活性、松散性就在所难免。社会体育活动参与人数多、范围广、人员素质水平参差不齐，并且人们参与社会体育活动是建立在自愿的基础之上的，因此组织管理的难度较大。

三、社会体育文化的内容

社会体育文化是为群众服务的体育文化，因此，其内容需要简单、易懂。社会体育文化的接受对象范围广、年龄跨度大。社会体育文化几乎包括了体育文化的全部内容。从活动方式来看，群众对运动项目的选择包括了现有的全部运动项目，同时以健身为目的开展活动；从物质内容来看，随着群众生活水平的提高，以运动器材、体育场地为主体的物质水平也在提高，群众对物质的需求与日俱增；从精神文化方面来看，赛事欣赏需要满足各阶层群众的欣赏水平，高尔夫球、网球、拳击等比赛已经拥有了一定数量的观众。

四、全民健身

（一）全民健身的由来

全民健身旨在全面提高国民体质和健康水平，以青少年和儿童为重点，倡导全民做到每天参加 1 次以上的体育健身活动，学会 2 种以上健身方法，每年进行 1 次体质检测。为纪念北京奥运会成功举办，国务院批准从 2009 年起，将每年的 8 月 8 日定为"全民健身日"（图 11-4-1），旨在将健康向上的社会

图 11-4-1

体育精神传达给公众，推广健康生活的理念。

（二）全民健身的目的

2008 年对中国竞技体育来说是辉煌的一年。当全民奥运热潮渐渐退去时，中国体育也悄然回归本位。在"后奥运"时代，群众体育越来越受到高度重视。

体育已经成为推广文明生活方式的重要途径，成为增强青少年身体素质的重要方法，成为推动经济和社会发展的重要力量，是沟通世界、联系世界的重要桥梁。全民健身将推动中国从体育大国向体育强国的目标迈进。此外，推行全民健身可让健身成为人们生活的一部分，使人民群众真正享受到体育带来的健康和快乐，让体育在人的全面发展与和谐社会的构建中发挥更加积极的作用。

（三）《全民健身计划（2016—2020 年）》提出的背景与目标

国务院于 2016 年 6 月 15 日印发了《全面健身计划（2016-2020 年）》（以下简称《计划》）。《计划》指出："全民健康是国家综合实力的重要体现，是经济社会发展进步的重要标志。全民健身是实现全民健康的重要途径和手段，是全体人民增强体魄、幸福生活的基础保障。实施全民健身计划是国家的重要发展战略。在党中央、国务院正确领导下，过去五年，经过各地各有关部门和社会各界的共同努力，覆盖城乡、比较健全的全民健身公共服务体系基本形成，为提供更加完备的公共体育服务、建设体育强国奠定坚实基础。今后五年，面对人民群众日益增长的体育健身需求、全面建成小康社会的目标要求、推动健康中国建设的机遇挑战，需要更加准确把握新时期全民健身发展内涵的深刻变化，不断开拓发展新境界，使其成为健康中国建设的有力支撑和全面建成小康社会的国家名片。为实施全民健身国家战略，提高全民族的身体素质和健康水平，制定本计划。"

该计划的目标是："到 2020 年，群众体育健身意识普遍增强，参加体育锻炼的人数明显增加，每周参加 1 次及以上体育锻炼的人数达到 7 亿，经常参加体育锻炼的人数达到 4.35 亿，群众身体素质稳步增强。全民健身的教育、经济和社会等功能充分发挥，与各项社会事业互促发展的局面基本形成，体育消费总规模达到 1.5 万亿元，全民健身成为促进体育产业发展、拉动内需和形成新的经济增长点的动力源。支撑国家发展目标、与全面建成小康社会相适应的全民健身公共服务体系日趋完善，政府主导、部门协同、全社会共同参与的全民健身事业发展格局更加明晰。"

第十二章　体育产业

第一节　体育本体产业

一、体育本体产业的定义

体育本体产业是指以体育资源为开发基础直接进行的生产与经营活动，是利用体育自身特征，发挥体育自身的经济功能和价值提供生产和服务的体育经营活动。每一个市场中，各部门和企业的集合，又可称为某一产业，如健身娱乐业等，它是产业的部门群，即使用价值相近的产品生产、服务部门的集合。体育本体产业是整个体育产业的核心，包括体育竞赛业与大众健身服务业。

二、体育竞赛业

（一）体育竞赛的定义

体育竞赛是在裁判员的主持下，按统一的规则要求，组织与实施的运动员个体或运动队之间的竞技较量，是竞技体育与社会发生关联，并作用于社会的媒介。

体育竞赛是各种体育运动项目比赛的总称。按规模和性质，体育竞赛可分为综合性运动会、单项锦标赛、等级赛、联赛、邀请赛、选拔赛、表演赛等。

（二）体育竞赛的发展

就我国竞赛市场发展总体而言，体育竞赛市场从无到有，扩展迅速，现已初具规模。其发展主要表现为以职业化、社会化为特征的项目俱乐部相继建立，各俱乐部建立了相应的组织机构与管理机构，并已开始运转。

职业俱乐部赖以生存的市场体系正逐步形成，门票、广告、电视转播权、转会费、会员费等收入渠道也正在开辟之中；一系列政策措施确保了各项目俱乐部的运行和协会的实体化；社会各界的关心和支持，特别是企业界的慷慨资助，对各竞技项目俱乐部的生存、稳定和发展起到了积极的作用。

（三）体育竞赛市场

体育竞赛市场是多层次的概念，有纵向和横向两个研究角度。不同层次的体育运动项目的竞赛市场构成了体育主体产业的主要内容。体育竞赛市场从 20 世纪 90 年代初期开始，随着运动项目管理体制改革的深入不断发展。单项协会的实体化，尤其是与商业化相适应的新赛制，如俱乐部联赛、巡回赛、分站赛，大奖赛等赛制的实施，实现了竞赛市场的细分和深入发展。十几年来，体育竞赛市场得到了一定的发展，主要表现为以下四个方面。

（1）分项竞赛市场得到了不同程度的市场开发。以足球、篮球、排球等项目为代表的竞赛市场持续活跃，商业比赛增多，已逐步建立起商业比赛市场开发的规范并拥有了一定数量的观众。

（2）体育赛事开始走上产业开发道路，如中华人民共和国全国运动会的开发和管理已经形成自筹资金、专业合作、有偿转让等多种模式，带动销售额逐年提升。

（3）体育竞赛市场促进了职业俱乐部的发展，球员转会机制的建立和有偿电视转播权的销售，逐步形成体育产业与其他产业相互促进的良性循环。

（4）体育竞赛中介组织和机构的建立。国内体育中介在近几年获得了较快的发展，逐步成立了运动员（队）中介、赛事代理、场馆建设咨询、体育公关咨询等不同层面的体育中介组织，促进了体育竞赛信息的传播及体育市场的组织与开发。

三、大众健身服务业

（一）大众健身服务业的类型

大众健身服务业作为体育产业发展和全民健身体系构建的重要部分，在推动国民经济发展方面扮演着重要的角色。大力发展大众健身服务业对体育产业发展具有重要的意义。目前，我国提供大众健身服务的场所主要有三种类型：一是市场自发的以营利为目的进行健身、休闲、娱乐的健身房、健身会所等体育健身场所，这类场所以健身爱好者、时尚者和特定需求者为服务对象；二是以政府投入为主的全民健身中心、体育馆、俱乐部等，这类场所以市场方式运作；三是国家体育总局投入建设的公益性的全民健身工程。

（二）大众健身服务业在体育产业发展中的核心作用

近年来，我国体育产业经过积极探索，取得了一定成效，体育市场逐渐形成，国民体质逐步提升。然而，从总体来看，我国体育产业在国民经济中所占的份额仍然较少，这也从一个侧面反映出我国体育产业发展空间巨大。另外，我国体育人口数量所占比例不足总人口的三分之一，国民体质远远低于发达国家水平，部分人处于亚健康状态，这在一定程度上影响了体育产业的发展。

作为体育产业的核心，大众健身服务业具有承上启下的作用，一方面为体育竞赛业培养观众和消费者，另一方面为体育用品制造业培养消费者。大众健身服务业从体育本身出发，让消费者能够通过交互式的体验来感受体育的魅力，从而带动大众参与体育的热情，大众有了参与的热情才会有欣赏比赛的积极性，这样才能为体育竞赛不断培养观众和消费者。大众有了欣赏的能力便会有参与的热情，从而爱上运动。大众要参与体育锻炼，进行体育运动便会购买相关的体育装备，从而促进体育消费。因此，要发展体育产业，大众健身服务业作为中间的纽带，其作用不可忽视。体育产业是围绕消费者需求，以消费者为核心的行业，大众健身服务业也是如此。大众健身服务业的发展关键在于为消费者提供的产品，这就要求大众健身服务业要根据中国人的消费水平、消费心理、行为习惯来设计健身产品，从而提高大众锻炼的积极性和参与度。这样不仅能够促进人们身体素质的提高，还能促进人的心理素质的改善。大众可从体育的本源出发，通过锻炼来实现对自身、自然的改造，实现个体的全面发展。

四、体育本体产业发展中的问题

体育本体产业的建设是体育产业发展的重要内驱力，也是建设体育强国的必然要求。在越来越多的职业运动员获得奥运奖牌的同时，中国体育本体性不足的问题就越来越突出。就体育本体市场的开发现状而言，主要有以下问题。

（1）体育本体市场的产业链建设仍在磨合中，赛事管理方、资源方、参与方和外围合作资源还未建立起顺畅的合作机制，制约了资源的深度开发与利用。

（2）市场规模小，能进入市场运作的项目少，项目间发展不平衡，特别是大众基础较好的一些项目（如路跑、游泳等），市场开发仍需要加强。同时，项目开发缺乏资源共享意识，单项赛事仍处在单打独斗阶段，缺乏整合。

（3）体育本体市场的大众性和消费性不足，市场开发浅，缺乏稳固、坚实的市场基础和稳定的消费群体；体育赛事项目的包装意识和品牌建设观念薄弱，缺乏长期、持久的项目资源群；载体性开发不够，对商业资源的使用和对赞助商品牌的贡献缺乏有效指导。

这些不足是中国体育本体产业发展中最主要的绊脚石。建立体育本体产业的发展模式就是要探索如何在现有的中国体育市场的管理框架下，完善体育本体产业发展的新思路和有效产业链条。

五、探索建构体育本体产业发展的合作链条

体育的本体产业该如何发展？发展体育本体产业对中国体育强国建设的作用有多大？体育在中国的发展长期以来就有"国家体育"的概念，国家投资、国家管理、体育的双轨发展和产业建设也是近年来讨论的热门话题。如何才能建构起体育本体产业发展的合作链条，促进围绕

赛事的资本合作、市场合作和资源合作，促进体育赛事市场的成熟，促进观众参与度与消费水平的提高及与行业外的合作与协调？这些都是需要体育人继续探索、解决的问题。

第二节　体育外围产业

体育的外围或边缘产业可以被看作体育企事业与其他部门和企业的结合，即以体育为服务对象或内容的其他产业部门的集合。体育外围产业的产业链涉及体育彩票、体育旅游、体育新闻媒体、体育经纪人等。

一、体育彩票 ■■■■■■■

狭义的体育彩票指的是以体育比赛为媒介发行的彩票，亦可称其为竞猜型体育彩票，如足球彩票、棒球彩票、赛马彩票等；广义的体育彩票指的是发行彩票的目的与体育相关的各类彩票。中国体育彩票是指为筹集体育事业发展资金发行的，印有号码、图形或文字，供人们自愿购买并按照特定规则获取中奖权利的书面凭证。体育彩票不计名，不挂失，不返回本金，不计付利息，不能流通使用。

二、体育旅游 ■■■■■■■

（一）体育旅游的定义

体育旅游是体育与旅游相互融合交叉的部分，体现了体育的社会性和旅游的社会性。体育旅游属于社会体育产业的一个分支，也是旅游的重要组成部分，是特种旅游的一种，是人类社会生活中的一种新兴旅游活动，其概念有广义和狭义之分。从广义上讲，体育旅游是指旅游者在旅游中所从事的各种娱乐身心、锻炼身体、竞技竞赛、刺激冒险、康复保健、体育观赏、体育文化交流等活动与旅游地、旅游企业、体育企业及社会之间关系的总和；从狭义上讲，体育旅游则是为了满足和适应旅游者的各种专项体育需求，以体育资源和一定的体育设施为条件，以旅游商品的形式，为旅游者在旅行过程中提供融健身、娱乐、休闲、交际等于一体的服务，使旅游者的身心得到和谐发展，以促进社会物质文明和精神文明发展、丰富社会文化生活为目的的一种社会活动。

（二）体育旅游市场

体育旅游市场是整个商品市场的一个组成部分，是在商品经济条件下随着体育旅游活动的发展而形成和发展起来的。在现代市场经济条件下，体育旅游市场已发展为具有全球规模的世界性大市场。

从经济学角度而言，体育旅游市场是商品市场中的一种，是体育旅游产品供求双方交换关系的总和。体育旅游产品主要表现为服务，因此其主要靠广告和体育旅游中间商或其他体育旅游中介机构进行交易。

从市场学角度而言，体育旅游市场指体育旅游产品的现实购买者和潜在购买者，以及体育旅游产品的需求市场或体育旅游客源市场。体育旅游产品的现实购买者，指那些具备参加体育旅游主观和客观条件的消费者。体育旅游产品的潜在购买者指那些具备参加体育旅游客观条件而暂时没有出游愿望，或具有出游愿望而暂时不具备出游客观条件的消费者。

三、体育新闻媒体

（一）我国体育新闻媒体的发展

21世纪，中国的新闻改革已经开启了制度创新的新阶段。现在，传媒业被划分为两大块：公益性的文化事业单位和经营性的文化企业单位。新闻改革促使经营性的媒体实施公司制改造，实行自主经营、自负盈亏、自我发展、自我约束，进行彻底的市场运作。

随着1984年洛杉矶奥运会对中国第一块金牌的报道产生的轰动效应，以奥运会为代表的体育赛事成为社会广泛关注的焦点，体育新闻媒体开始快速发展。

在体育新闻的报道中充分体现了"多媒体"的特点，可以说网络等新媒体给体育提供了一个绝佳的展示平台。

（二）不同介质的体育媒体及其发展

1. 报刊和期刊

《体坛周报》《中国足球报》《中国体育报》三份报纸在体育报类中呈三足鼎立之势。然而，随着新媒体的发展，报刊的经营越发艰难。

以篮球、乒乓球、羽毛球、高尔夫等项目为主题的期刊一般都有较为固定的读者。

扩大发行量，刊发广告，以及探索其他赢利模式是平面媒体的出路。

2. 电 视

我国电视频道专业化被解析为电视媒体经营单位根据电视市场的内在规律和电视观众的特定需求，以一个频道为单位进行内容定位划分，使其节目内容和频道风格能较集中地满足某些特定领域受众的需求。

中央电视台体育频道是国内创办最早、规模最大、拥有世界众多顶级赛事国内独家报道权的专业体育频道。地方体育频道有北京电视台体育频道、广东电视台体育频道、上海电视台体育频道等。

电视市场的争夺主要在于对转播权的争夺。电视转播权主要指在举行体育比赛、体育表演时，允许他人进行电视转播，主办方由此获得报酬的权利。

3. 网络媒体

网络媒体的特点为互动性强、信息量大、图文并茂。

4. 新媒体

新媒体包括社交媒体、自媒体等，其特点为个人主体化、个人创意、双向互动等。

四、体育经纪人

体育经纪人是从事体育赛事、体育组织品牌包装、经营策划、无形资产开发、辅助办理运动员转会或参赛等活动的人员，指在取得合法资格后，从事居间、行纪、代理等经纪业务的个人或组织。

体育经纪人按组织形式划分为个体经纪人、合伙经纪人、经纪人事务所、经纪公司等；按经纪活动方式划分为居间经纪人、代理经纪人；从客户性质划分，有运动员（队）经纪人、体育比赛经纪人、体育组织经纪人等。

体育经纪活动内容主要包括运动员经纪、体育赛事经纪、体育组织经纪、体育保险经纪、体育旅游经纪等。体育经纪人是一种新兴的现代职业，同时又是一种比较自由化和社会化的职业。

第三节　体育中介产业

一、体育中介市场的定义

体育中介市场是体育市场的重要组成部分，是评价体育产业和体育市场成熟程度的主要指标。体育中介市场的发展是解决我国体育产业发展瓶颈的关键。这一市场的快速发展有利于带动我国整个体育产业，尤其是健身娱乐市场和竞赛表演市场的全面发展。体育中介产业的产业链包括体育保险业、体育赞助、体育广告等。

二、体育中介机构的分类

改革开放以来，我国市场中涌现了大量的各类中介机构，形成了门类众多的中介市场。

根据体育事业的发展规律和特点及体育市场运作中亟须解决的问题，可以将体育中介机构分为以下两类。

第一类：以体育本身的规则为主要运作依据，这些依据不适用于非体育领域的中介服务。

此类中介机构主要有运动员代理、体育赛事代理、体育组织代理、各运动项目管理中心、运动项目协会等。

第二类：以市场机构的运作规则为主要运作依据，既服务于体育市场，又面向社会开放的中介机构，主要包括体育会计事务机构、体育律师事务机构、体育资产（信）评估机构、体育信息咨询机构等。

三、体育保险

（一）体育保险的定义

一般体育保险是指体育保险人收取一定的保险费并且承担相应的体育风险的一种保险制度。

广义的体育保险是以经济合同方式建立关系，集合多数体育单位或个人的体育风险，以概率论为依据，合理计算保险金，建立专门的体育保险基金，并对由体育事件中的灾害、事故造成的意外损失及人身伤害进行经济补偿的一种经济形式。

（二）体育保险的种类

体育保险涵盖的内容非常广泛，涉及寿险、财产险、责任险、再保险等。

从需求方面看，体育保险可分为两类：一是运动员保险，指为运动员提供的适合专项体育项目及训练情况的保险，主要是运动员伤残保险；二是体育产业保险，主要指为体育赛事参与者、体育设施装备及体育场馆参保。

从经营操作来看，体育保险主要有体育赛事保险和体育运动保险。体育运动的高难度、高强度、高对抗和高标准的特点决定了其风险较高。体育保险能在一定程度上为运动员在训练、比赛、日常生活中的生命安全与疾病、退役后的养老等方面提供保障。高层次的体育保险不止于保险计划提供的保障，还提供对体育赛事和体育运动中的风险进行分析、预防和处理，以及提供由体育和保险领域的专家进行的便利的专业咨询服务。

四、体育赞助

在当今体育市场开发中，体育赞助是相当重要的一部分。赞助商是体育赞助的主要参与者和最终的实现者，赞助商与受赞助单位既能互利又能互限。重视从赞助商的视角研究体育赞助的运作规律，是体育开发的一个关键环节。

体育赞助是以体育为对象的赞助，是指企业（赞助商）与体育组织（被赞助者）合作，企业向体育组织提供金钱、实物、劳务等支持，体育组织则以广告、冠名、专利等无形资产作为回报，双方平等互利，共同获益的商业活动。

体育赞助商是体育赞助的赞助者，即体育赞助的买方，是构成体育赞助的一大主体。体育赞助市场目前普遍供大于求，属于买方市场，因而赞助方是矛盾的主要方面。赞助商在体育赞助中的任务是向被赞助方提供金钱、物品、劳务、技术等支持，以获取广告、冠名、专利、促销等回报权利，达到加强与目标受众之间的沟通，提高企业和品牌的知名度、美誉度，以及顾客对企业和品牌的忠诚度等目的。

五、体育广告

体育广告是指以体育活动、体育场馆、体育报纸杂志及其他与体育有关的形式为媒介，将商品、劳务、精神产品等信息传递给经营者和消费者的手段和方式。

体育广告是以目前国际间体育的发展为基础而产生的一种事物。体育广告与普通广告有着本质的区别。它是以动态或者是静态为表象意，旨在表现一种体育器材及装备的性能及应用范围，以广泛的体育形式展现出品牌的效应。这种表现在北京奥运会上被广大知名厂家广泛应用在电视、网络等宣传媒体，如以知名体育运动员为代言人或者以各种广为人知的表现形式来突出表现某种商品的应用价值，这在很大程度上促进了体育产业的发展。

第四节　体育产业消费

在社会主义市场经济改革的进程中，体育产业消费已成为一个重要的消费市场。体育产业伴随体育市场的形成与发展，对扩大国内需求、推动经济增长产生着重要的影响。进一步加快体育消费的市场化及产业化程度，将会让潜在的、巨大的体育市场孕育出一个繁荣的体育产业。为此，在研究体育消费市场化、体育消费与体育产业互动化的基础上，既通过刺激体育需求的政策与策略，也采取增加体育供给的政策与策略，实现培育体育市场、激活体育产业、推动经济增长的目的。体育消费者是体育产业的决定力量。

一、体育产业消费的必然性

体育产业消费是发展体育产业的必由之路。满足体育消费的体育产品泛指能够满足人们参与、观赏各种竞技运动、健身运动需要的一切有形的、无形的商品。一旦人们为了满足其自身的某些体育需要而必须通过付费的方式去获得相应的体育产品时，一个重要的行为便必不可少，这种行为就是交换。交换是市场的核心概念，没有交换便没有市场。当观赏竞技比赛或进行体育锻炼必须通过以货币为媒介的交换行为才得以实现时，传统意义上的体育项目便被赋予了当代体育产品的概念。

当体育产品被人们当作商品而消费时，体育便开始了其市场化的进程。与体育产品（包括竞技体育比赛、体育设施、体育用品）相联系的体育市场是由体育消费者构成的买方的集合，而与体育产品相联系的体育产业则是各种体育企业、体育经营者构成的卖方的集合。当体育消费不是一种市场行为时，就不会有从事体育产品供给的厂商出现，也不会有所谓的体育产业的形成与发展。当体育消费被纳入市场体系与市场化进程之中时，必然会催生出体育产业。以体育产业为中心的体育市场与体育产业构成了一个完整的体育产业市场系统。体育产业与体育市场相互依存，体育市场催生了体育产业，而体育产业则促进了体育市场的发育，二者在互动的过程中共同发展。因此，没有体育市场就不会有体育产业，而没有体育产业也不会有体育市场的发展。从这个意义上说，培育体育市场、发展体育产业是一个事物的两个方面。体育市场的存在，意味着人们的体育消费成为一种自主的货币化选择行为。与此相对应，体育投资便必然成为一种多元化的投资行为，体育经营也就成为独立投资者的个体行为。体育产业在体育消费者与体育投资经营者的行为互动过程中开始形成，体育产业结构则在适应体育市场发展的动态进程中不断地调整，体育产业化成为体育市场化的必然结果。

二、影响体育产业消费的因素

影响城市居民体育产业消费的因素有以下几种。

（1）中国城市居民体育消费的结构，并非完全符合马斯洛需求层次理论，原因是城市居民体育消费的结构不仅受城市经济发展水平的影响，还受城市居民社会生活环境、城市自然环境等因素的影响。另外，在城市经济发展水平、城市居民生活水平达到一定程度时，这些因素仍会对体育消费的结构会起到重要的作用。

（2）影响城市居民进行体育消费的主要因素首先来自日常生活、工作，其次是周围朋友、同事，然后依次是家庭成员、学校体育、大众传媒，而城市居民的体育消费受运动员的影响最小。可见，体育消费已经走进了城市居民的日常生活、工作，与居民的生活、工作、家庭息息相关，而体育明星效应并没有预想的那么高。

（3）没有时间是阻碍城市居民不同职业人群进行体育消费的最主要因素，其次是价格因素，经济条件排在第三位，不感兴趣的阻碍影响最小。有一定的人群，由于家庭流动资金过少，买不起体育用品从而"望而却步"。价格因素是阻碍体育消费的第二大因素，这再次证明了体育健身、娱乐场所价格高的事实。值得欣慰的是，经济条件已不是阻碍城市居民体育消费的最主要因素。

第十三章　体育竞赛的组织与赛制编排

第一节　体育竞赛的分类

一、体育竞赛的意义

体育竞赛是指以运动项目、游戏活动或身体练习活动为内容，利用课外时间组织学生进行各种竞赛活动的组织形式。体育竞赛是体育课外活动的重要组成部分，也是学校体育教育的重要形式之一。它有力地推动了学校群众性体育活动的广泛开展，促进了学校体育教育的普及与体育教育水平的提高，是实现学校体育目标、贯彻健康第一思想的基本途径之一。

参与体育竞赛，要求参加者在比赛中尽可能地发挥最大潜力，在人体各种能力的极限水平甚至超极限水平上进行激烈的角逐。体育竞赛的结果往往很难预料，常常会有种种悬念。其最终结果取决于参与者的技术、战术、身体素质、心理素质、智力等各种因素的综合较量。

体育竞赛可以强有力地宣传体育运动，能吸引和鼓舞更多的人参加体育锻炼，发展学生的运动技能，增强体质，丰富学生的课余文化生活。有组织、有计划地开展各项运动竞赛，可有力地促进运动技术水平的提高，有利于增进学生间的团结和友谊，培养人们勇敢顽强、奋力拼搏等品质与集体主义、爱国主义等精神。

学校体育教学和训练的效果、训练的进步和不足，可以通过体育竞赛反映出来，从而促进教学和训练质量的不断改进和提高。体育竞赛有利于校方更快地发现和培养优秀的运动人才，提高学生的身体素质。

体育竞赛可以陶冶人们的道德情操，对社会主义精神文明建设、全民族身心素质的提高有着重要的意义。在现代生活中，体育竞赛还可以加强国内各族人民之间的团结，加深世界各国人民之间的了解，从而有利于增进人与人之间的友谊，加强国际交往。

在现代生活中，体育已成为人们生活的重要组成部分。各种形式的体育竞赛受到了人们的普遍欢迎。各级政府和相关部门必须充分认识运动竞赛的规律，发挥运动竞赛在推动体育运动中的杠杆作用，认真办好各种体育竞赛活动，提高体育事业发展的广度和深度，实现体育的任务和目标。

二、体育竞赛的种类

体育竞赛的种类众多，既有世界性的、洲际性的、全国性的大型比赛，又有省、市等地区性的中型竞赛，还有学校等基层单位举办的小型竞赛。按竞赛的目的和任务的不同，体育竞赛可分为综合性竞赛和单项竞赛两种。

（一）综合性竞赛

综合性竞赛一般被称为运动会或综合性运动会。它往往包含若干个运动大项的比赛，其目的是全面检查各项运动普及和提高的情况，广泛总结和交流经验，从而推动体育运动的发展。这种竞赛由于比赛项目众多、规模较大、组织工作较复杂，通常都是每隔几年举办一届，如奥运会、亚洲运动会、全运会、全国大学生运动会等。

（二）单项竞赛

单项竞赛是以某一项目为竞赛内容而单独进行的竞赛形式，一般有以下八种形式。

1. 锦标赛

锦标赛通常指进行一个运动项目的比赛，又称单项锦标赛、冠军赛。其目的在于检查、总结某一运动项目的开展情况和教学训练经验，促使该项运动不断发展和提高。锦标赛一般由主管体育运动的政府机关或各项体育运动协会举办。地方和基层单位也可组织各项运动的锦标赛。国际锦标赛由各运动项目的国际协会组织定期举行，如欧洲足球协会联盟举办的欧洲足球锦标赛、亚洲乒乓球联盟举办的亚洲乒乓球锦标赛等。

2. 杯 赛

杯赛与锦标赛目的相同，但它是由某个特定的部门或者个人倡议，以某人的名字命名的比赛，如戴维斯杯网球赛、国际足联世界杯（雷米特杯足球赛）、汤姆斯杯羽毛球赛等。获得奖杯的方式、方法在竞赛规程中予以规定，竞赛目的不同，方法也不尽相同，有的比赛是在奖杯上刻上优胜者名字，有的是获胜者保存奖杯至下届比赛归还，还有的是获胜者获得奖杯的复制品，等等。

3. 测验赛

测验赛指为了达到一定的标准，或了解运动员成绩提高的情况而组织的比赛。这类比赛一般不记比赛名次，但应记录测验的成绩，如体育锻炼标准、身体素质、运动基本技术等的测验比赛。

4. 联　赛

联赛是在每年定期举办的同级别的队伍所进行的一种列入计划的规模较大的比赛。这类比赛一般以集体项目为主，如篮球、排球、足球等运动项目的等级联赛。其目的是检查训练质量，交流经验，互相学习，提高运动技术水平。比赛结束后，成绩较好或较差的队按竞赛规程规定实行升降级，即乙级队中成绩最好的若干队可晋升为甲级队，而甲级队中成绩最差的若干队则下降为乙级队，分别参加下一次所属级别的联赛。

5. 对抗赛

对抗赛指由两个或两个以上的国家、地区、单位、学校或班级之间联合举行的比赛，可以是双边或多边的，定期或不定期的。其目的是交流经验、切磋技艺、取长补短、共同提高。其特点是参加单位少、规模小，参加队伍实力相近，便于利用业余时间进行，组织方便。

6. 邀请赛和友谊赛

邀请赛指由两个或几个单位、学校或班级，为增进友谊和团结，互帮互助，共同提高某一运动项目的水平而邀请其他单位、学校和班级举办的比赛。此种比赛为非正式比赛。各种访问比赛一般都属于友谊赛，其宗旨与邀请赛相同。

7. 选拔赛

为发现和挑选运动员、组织和补充代表队，准备参加高一级别的运动竞赛而进行的比赛，通常被称为选拔赛。例如，学校为了充实某一运动队，组织相关学生进行比赛，从中发现和选拔人才。

8. 表演赛

为了宣传体育活动，扩大影响，或为了庆祝、慰问、纪念、集资等举行的比赛被称为表演赛。此类比赛着重于技术、战术的发挥，一般不记名次。对准备开展的项目进行的示范性介绍或重大比赛后的汇报表演均属于此类。

各类学校除可以组织上述比较正规的比赛外，主要以开展一些规则简单，形式灵活，对场地器材要求不高，容易组织且便于经常举行的各种非正规比赛为主，以吸引更多的学生参加经常性的练习活动和锻炼，从而提高其身体素质。

第二节　体育竞赛的组织方法

体育竞赛组织工作的好坏直接影响体育竞赛能否顺利地进行。为了顺利完成竞赛任务，不论是综合性竞赛还是单项竞赛，都应被看作一项系统工程。这项工程大致可分为三个阶段：赛前策划组织、赛中有力监控和赛后认真总结收尾。组织规模较大的竞赛活动，应成立相应的大会组织委员会或筹备委员会。体育竞赛的基本组织程序如下。

一、赛前准备工作 ■■■■■■■■■

（一）成立组织机构

各类学校无论是组织校运会还是单项比赛，都应在赛前成立领导小组，在主管院（校）长的领导下，由有关部室［如院（校）办公室、体育部（室）、教务处、学生处、团委、学生会、工会、总务处、医务处、保卫处等］的领导或代表组成领导小组，并根据工作需要分成若干小组。一般设立如下机构。

仲裁委员会：由主任、副主任、委员组成，3～5人。其职责主要是接受运动队的申诉，并及时做出裁决，但不改变裁判结果。

组织委员会：由负责竞赛业务的若干行政人员组成，在大会组委会统一领导下，负责整个大会的竞赛组织工作。组织委员会下设竞赛处和秘书处。竞赛处设竞赛组、编排组、裁判组、场地组等。秘书处下设政宣组、会务组、后勤组、医务组等。

办事机构的设置应根据比赛规模的大小等具体情况和实际需要来确定，做到统一领导，分工明确，密切配合。机构不需要重叠，人员不要过多，要求事事有人管，人人有事干。

（二）制订工作计划

竞赛中的各项工作比较复杂，如果事先没有周密的计划，不仅各项工作没有准则，还很容易陷入被动的状态，出现忙乱现象。工作计划主要包括确定竞赛活动的工作日程、各组机构的工作分工及任务要点。工作计划既要简明又要全面，以便执行和检查，最好用表格逐项列出。

（三）制定竞赛规程

竞赛的一切工作以规程为主要依据，因此制定竞赛规程是赛前准备工作的一个重要环节。竞赛的工作人员、裁判员、教练和运动员都必须按照竞赛规程的有关规定参加比赛。一般由上级机关或主办单位下达竞赛规程或由参赛单位（群体）协商研究制定竞赛规程。竞赛规程应在比赛开始前一两个月发送到各参赛单位，以便各单位有充足的时间准备，以保证竞赛的效果和质量。竞赛规程的内容包括以下几方面。

（1）竞赛名称。根据竞赛项目的特点、规模、参赛的人数、经费来源等确定竞赛名称，如某某杯赛、邀请赛、选拔赛等，同时要注明主办单位和承办单位。

（2）竞赛的目的和任务。根据本次竞赛所针对的和要解决的主要问题，明确目的和任务。

（3）比赛日期和地点。比赛日期的确定要考虑利用节假日，最好利用业余时间，确定比赛地点应考虑交通、气候、场地、器材、设备、食宿等的实际情况。

（4）竞赛项目。竞赛项目的设置依据是开展此项活动的广泛性和运动水平的高低，应保证较多的队数和人数参赛，使比赛对抗性强、激烈、精彩，以达到设此项竞赛的目的。

（5）参赛资格、人数和报名日期、地点。根据竞赛性质和项目制订参赛资格。球类竞赛可依据参赛者的性别和年龄划分组别，运动员、领队、教练和工作人员的人数要有明确的规定和限制。报名日期的截止时间和报名地点要明确，并注明第一次领队会议和抽签的时间和地点。

（6）比赛办法和录取名次。比赛办法和录取名次是所有参赛队或个人都关心的问题。比赛办法直接影响到比赛时间、运动员的比赛负荷、场地设备的合理运用和比赛成绩的合理性。组织方应根据参赛的队数和人数的多少，采用适宜的比赛办法。若不能预测参赛队数和人数，待报名日期截止后，由领队会议研究决定比赛办法。录取名次一般录取前3名或前6名或前8名，也可录取并列前3名（第3名、第4名并列），或录取并列前5名（第5名至第8名并列）。

（7）裁判长、裁判员和竞赛规则。裁判长和副裁判长一般由主办单位选派，或由承办单位推荐，报主办单位批准。裁判员一般由参赛单位推荐一或两名，不足部分由主办单位或承办单位选派补齐。根据竞赛项目特点，有裁判等级的项目，应明确裁判工作人员的裁判等级；没有裁判等级的项目，可由有关单位或群体协商解决裁判员人数和标准。竞赛规则应采用该项目比赛的最新规则。没有竞赛规则的项目，也应制订出竞赛的内容、方法、程序和评定标准，为竞赛提供切实可行的胜负标准和依据。

（8）其他事项。不同运动竞赛有不同的注意事项，如服装和鞋的要求、伙食住宿标准、交通工具、生活管理、禁止冒名顶替等规定。

二、赛中组织实施工作

准备工作就绪后，即开始赛会的全面组织工作。准备工作的成效，将在竞赛过程中得到检验。竞赛中的组织实施工作主要包括以下几方面。

（一）组织开幕式

开幕式的程序应根据赛会的规模、性质、目的及要求来确定。程序可繁可简，也可进行一般的开赛仪式。开幕词是主办单位的负责人在开幕前的重要讲话，应简明扼要地讲清楚此次比赛的宗旨、任务、目的、要求等，体现大会的指导思想，为竞赛定下基调，使参赛单位和运动员为达到总目标而努力。

（二）管理裁判队伍

裁判队伍的管理，主要由竞赛组通过裁判长进行，要将"严肃、认真、公正、准确"的八字方针贯彻到裁判工作的始终。在管理中应关注比赛不同阶段的主要环节，如临场裁判和重要比赛场次的安排，以及随时检查场地器材，报送比赛成绩、小结、讲评等。

为便于管理，可将全体裁判员根据比赛任务分成若干个裁判小组。分组时，同一单位的裁判员要尽可能分布在各个组内，并合理搭配，使各组裁判水平相当。小组长应由业务水平高、思想作风正派、团结他人及有一定组织能力的裁判员担任。

裁判员执行临场任务前，应与有关人员确定配合方法，并认真检查场地器材。尽量安排中立裁判员担任裁判工作。比赛中，要根据规则和实际情况，掌握好判定的准确性和标准的一致性，对比赛双方的判罚尺度要一致。

（三）公布竞赛成绩

及时、准确地公布竞赛成绩，可使各参赛队和有关部门及时了解比赛结果，并在分析研究后宣传报道。竞赛成绩公布专栏要设在赛场的附近，通常在赛前将竞赛成绩表制作好，并将其张贴在公告牌或墙上醒目的地方；也可以用黑板公布。每天每场比赛结束，应及时、准确地将比赛成绩登记在表格中。将成绩公告及时发给各参赛队、有关领导和有关部门。这样既能反映竞赛结果，又能记录信息。

（四）解决竞赛中出现的问题

运动竞赛具有对抗性和竞争性的特点，因此，在竞赛过程中经常会产生一些矛盾：① 裁判员与运动员之间的矛盾，这里既有运动员对规则理解不够的情况，也有裁判员错判、误判的情况；② 运动员与运动员之间的矛盾，如在比赛中动作幅度过大伤害到其他队员，或不够尊重对方等行为；③ 运动员与组织者的矛盾，如运动员认为比赛编排不够合理，组织不够严密等；④ 一些其他矛盾。竞赛中出现矛盾是正常的，重要的是如何处理竞赛矛盾。要依据赛会的指导思想、竞赛规程和比赛规则，通过正确的程序和途径，妥善、冷静处理竞赛矛盾，以维护赛场的秩序和纪律。

三、竞赛结束工作

竞赛组及时汇总比赛成绩并排出名次，交由裁判长宣布；召开组委会会议，听取工作汇报及意见，决定体育道德风尚奖或精神文明奖的评选结果；组织闭幕式和发奖仪式；汇编、寄发成绩册；安排和办理各队及裁判员离会的相关事宜，完成赛会总结并向领导部门汇报。

第三节　体育竞赛的赛制编排

根据体育竞赛的具体要求、项目特点、参赛队数（人数）、比赛期限、场地设备条件等因素，可选用不同的比赛方法。

一、循环制

循环制包括单循环、双循环、分组循环三种方法。

单循环：所有参赛者（队或个人）在比赛中均能对抗一次，最后按参赛者在全部比赛中的胜负场数、得分多少排列名次。这种比赛方法一般在参赛者不多，竞赛期限较长时采用。

双循环：所有参赛者（队或个人）在比赛中对抗两次，最后按全部比赛中的胜负场数、得分多少排列名次。这种比赛方法，一般在参赛者较少，竞赛期限较长时采用。

分组循环：把参赛者（队或个人）分为若干组，分别进行单循环比赛。一般在参赛者较多，竞赛期限较短时采用。

循环制的优点是无论参赛者实力强弱，胜负如何，都需与其他所有参赛队比赛，锻炼机会多，有利于互相学习，能比较准确地反映出参赛者的水平，产生的名次较客观。

在循环制中，各队或运动员普遍出场比赛一次，称为"一轮"，每两个队员之间比赛一次称"一场"，每两个队之间比赛一次称为"一次"。

（一）单循环比赛场数和比赛轮次的计算方法

1. 单循环赛场数的计算

单循环赛场数的计算公式如下：

$$场数 = 参赛者数量 \times （参赛者数量 - 1） \div 2$$

例如，有 6 个球队参加篮球联赛，采用单循环赛的方法进行，其比赛场数计算公式如下：

$$场数 = 6 \times （6 - 1） \div 2 = 15$$

2. 单循环赛轮数的计算

当队（人）数为偶数时，轮数 = 队（人）数 - 1。例如，10 个队参加比赛，轮数 = 10 - 1 = 9。

当队（人）数为奇数时，轮数 = 队（人）数。例如，5 个队参加比赛，须进行 5 轮。

3. 单循环比赛顺序的确定

确定单循环比赛顺序的方法很多，经常采用的是逆时针轮转法。

例如，有 6 个队参加比赛，用 1 ～ 6 号码，分别代表各队的名称，按表 13-3-1 中所示方法排出各轮次的比赛，然后抽签将队名填入轮次表，再排定比赛日程。

表 13-3-1　6 个队参赛的单循环比赛顺序

第一轮	第二轮	第三轮	第四轮	第五轮
1—6	1—5	1—4	1—3	1—2
2—5	6—4	5—3	4—2	3—6
3—4	2—3	6—2	5—6	4—5

这种方法是，1 号位固定不动，其他号位每轮按逆时针方向轮转一个位置，即可排出全部轮次的比赛顺序。

当队数或人数为单数时，用"0"补成双数，然后按逆时针轮转排出各轮比赛的顺序。其中遇到"0"者即为该场轮空。

例如，有 5 个队参加比赛，比赛顺序见表 13-3-2。

表 13-3-2　5 个队参赛的单循环比赛顺序

第一轮	第二轮	第三轮	第四轮	第五轮
1—0	1—5	1—4	1—3	1—2
2—5	0—4	5—3	4—2	3—0
3—4	2—3	0—2	5—0	4—5

根据需要，还可以把第一轮的三场比赛和其他轮的三场比赛互相调换，或者把第一轮中的三场比赛互相调换。这是在大轮转基础上进行小调动的办法。

4. 单循环赛名次的确定

单循环比赛中，获胜次数多者名次在前。若有两个队获胜次数相等，则两队互赛，谁胜谁就名次在前。若有两个以上的队获胜次数相等，则根据他们相互之间比赛的胜率，即根据胜÷负或胜÷（胜+负）的结果来决定名次。首先计算次率，其次计算场率，再次计算局率，最后计算分率，直至算出全部名次为止。

（二）双循环比赛轮次表的编排

双循环制比赛轮次表的编排方法与单循环的编排法相同，只是要排出第一循环和第二循环的比赛轮次表，以5个队参加比赛为例。（表13-3-3）

表13-3-3　5个队参赛的双循环比赛轮次表

	第一轮	第二轮	第三轮	第四轮	第五轮
第一循环	0—1	0—2	0—3	0—4	0—5
	5—2	1—3	2—4	3—5	4—1
	4—3	5—4	1—5	2—1	3—2
第二循环	0—1	0—2	0—3	0—4	0—5
	5—2	1—3	2—4	3—5	4—1
	4—3	5—4	1—5	2—1	3—2

（三）分组循环的编排

分组循环就是把参加的队分成若干小组，采用两个阶段或三个阶段的分组循环比赛。例如，15个队参加比赛，分成3个小组，每组进行5×（5-1）÷2=10场比赛，3个小组共进行30场比赛，需要的轮数为5轮。经过小组循环比赛，排出各小组的名次后，再进行第二阶段的比赛。第二阶段的比赛可采用下列方法。

（1）将各小组第1名编一组，进行单循环比赛，决出1～3名；各小组第2名编在一组，决出4～6名；各小组第3名编在一组，决出7～9名；各小组第4名编在一组，决出10～12名；各小组第5名编在一组，决出13～15名。

（2）如果比赛期限短，可只将第一阶段各小组的第1名、第2名编在一组进行比赛，决出第1～6名的名次，其他各队不再参加第二阶段的比赛。

（3）如果第一阶段的预赛分两个小组进行单循环比赛，那么第二阶段可把小组的前两名编在一组争夺1～4名，小组的第3名、第4名编在一组争夺5～8名，其余类推。

（4）循环制的抽签方法。根据规程规定，在比赛前，由主办单位召集各领队举行公开抽签仪式，排好比赛轮次表，使各队明确比赛的次序、日期、时间和地点，以便做好准备。

单循环比赛的抽签按参加比赛的队数排好比赛轮次表，备好签号，进行抽签，然后将队名填入比赛轮次表中。

分组循环比赛的抽签首先在领队会上协商确定种子队。种子队的队数一般等于分组的组数。如果分四个组进行比赛，应设四个种子队。为了做到更合理，也可以多选出几个种子队，但队数必须是组数的倍数。例如，分四个组进行比赛，可确定八个种子队，并按图13-3-1所示方法编成小组。

图 13-3-1

　　第 1 号种子与第 8 号种子编为一组，第 2 号种子与第 7 号种子编为一组，依次类推。

　　抽签方法：首先由种子队先抽签，确定各种子队的组别，其他各队再抽签确定组别。例如，20 个队分为 4 个小组，除 8 个种子队外，其余 12 个队再抽签。签号分 4 组，每组有相同的 3 个签，由 12 个队抽签确定组别，再把各队按组别填入各组的比赛轮次表中。

二、淘汰制

（一）单淘汰赛

　　单淘汰赛指将所有参加比赛的选手（或队）编排成一定的比赛秩序，由相邻的两名选手（或队）进行比赛，败者淘汰，胜者进入下一轮比赛，直到淘汰至最后一名选手（或队），这个选手（或队）就是这次淘汰赛的冠军。

　　淘汰赛比赛方法具有强烈的对抗性，比赛双方没有任何妥协的可能性，也没有受第三方影响或去影响第三方的可能，非胜即败。这种比赛办法，可以在很短的时间内，安排大量的选手（队）进行比赛，当比赛逐渐走向高潮时，可在最高潮的一场比赛——冠亚军决赛后结束整个比赛。就体育竞赛的特点来说，淘汰赛是一种很好的比赛办法。

　　1. 单淘汰赛选择号码位置数

　　采用单淘汰赛的比赛方法时，应先根据参赛人数灵活选择最接近的较大的 2 的乘方数作为号码位置数。比赛常用的号码位置数：$2^4=16$，$2^5=32$，$2^6=64$，$2^7=128$。

　　参赛选手的人数不等于号码位置数时，需要在比赛的第一轮设置一定数量的轮空位置，使参加第二轮比赛的运动员人数正好是 2 的乘方数。

$$轮空数 = 号码位置数 - 参赛运动员数$$

　　参赛人数稍大于 2 的乘方数时，再用排轮空的方法会造成轮空人数太多的问题，这时可用轮号的方法来解决。以最接近的较小的 2 的乘方数作为号码位置数，安排一部分运动员进行轮号。轮号就是两名运动员使用一个号码先进行一场比赛。轮号和轮空在本质上是完全相同的。

　　2. 单淘汰赛轮数和场数的计算

　　（1）计算轮数：单淘汰赛所采用的号码位置数（2 的乘方数）其指数（自乘的次数）即为轮数。2 的几次方即为几轮。

4 个号码位置数 = 2^2，即 2 轮。

8 个号码位置数 = 2^3，即 3 轮。

16 个号码位置数 = 2^4，即 4 轮。

32 个号码位置数 = 2^5，即 5 轮。

64 个号码位置数 = 2^6，即 6 轮。

（2）计算场数，公式如下：

$$场数 = 参赛人（队）数 - 1$$

例如，16 人参加单淘汰赛，比赛场数为 16-1=15 场。

（二）双淘汰赛

运动员或队按编排的秩序进行比赛，失败两场即被淘汰，最后失败一场者为亚军，不败者为冠军的比赛方法称为双淘汰赛。

1. 双淘汰赛轮数和场数的计算

（1）计算轮数：胜方与负方轮数分别计算。胜方轮数与单淘汰赛计算方法相同，即所选用的号码位置数（2 的乘方）其指数（自乘的次数）即为轮数。负方轮数等于胜方轮数加 1。

（2）计算场数，公式如下：

$$场数 = 2X - 3（X 为参加人数或队数）$$

这个计算公式实际上是胜方比赛场数与负方比赛场数之和。胜方场数为参加人数减 1，负方场数为参加人数减 2。设 $X=$ 参加人数（或队数），则淘汰比赛场数 = 胜方比赛场数 + 负方比赛场数，即（$X-1$）+（$X-2$）= $2X-3$。

以 8 人参加双淘汰赛为例。

胜方比赛轮数为 2 自乘 3 次即 2^3，须比赛三轮。胜方比赛场数为参加人数减 1，8-1=7（场）。负方比赛轮数 = 胜方轮数加 1，3+1=4（轮），负方比赛场数 = 参加人数减 2，8-2=6（场）。

故 8 人参加双淘汰赛共需打 7 轮，13 场比赛。

2. 双淘汰赛比赛秩序图

以 8 人为例，双淘汰赛比赛秩序见图 13-3-2。

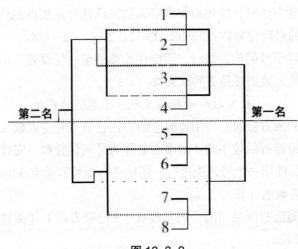

图 13-3-2

第十四章 体育竞赛欣赏

第一节 体育竞赛欣赏的内容

美在体育运动中是无时不在的,人们只有了解体育运动中美的因素,懂得如何欣赏体育美,才能不断提高体育欣赏水平和体育审美能力。

一、体育美的形式

(一)概 念

体育美是人类有意识地培养身体活动,使身体展现出来的美的总称。体育美的形式是指运动内容诸要素的结构和表现方式,是人类在长期的体育实践中总结和创造出来的,是表现人的本质力量的感性形式。

(二)构 成

体育美的形式,就是人们在体育活动中构成体育美外形的自然属性(如色彩、形体、声音)及其组合规律(整齐、对称均衡、节奏韵律、多样统一等)所呈现出来的审美特性。

1.自然要素

体育中大量的形式美都是通过色彩、形体、声音等物质属性传达给人们,引发人们的审美共鸣。色彩的审美特性是十分明显的。色彩具有表情性,能传达出一定的感情意味,引起人的情感反应;形体是指事物具体、可感的外在形态,包括点、线、面。在体育运动中,特别是在艺术性较强的项目中,线条的运用是最普遍、最基本的手段,是一切造型美的基础;声音最为突出的是表情性功能,不同频率和强度的声音可以表达情绪的激昂、低沉、喜悦、哀伤等,使得本无感情的外物因声音带上了情感意味。音乐能启发运动员丰富的想象力,激发他们的创造力。然而，构成形式美的这些自然要素必须按照一定的组合规律组织起来，才具有审美特性，如非语言因素在体育运动中显现的形式美。

2.组合规律

形式美的自然要素根据一定的结构原则加以组合，就构成了形式美的组合规律。这些规律主要包括整齐、对称均衡、节奏韵律和多样统一。

（1）整齐。整齐又称整齐划一，是最简单的形式美要素。整齐给人以庄重、雄壮、刚劲有力的感觉。人类的群体活动尤其需要通过整齐划一来达到目的。运动员入场或表演团体操时，运动员的步伐或动作整齐一致，身材、服装统一，每个运动员都气宇轩昂，给人以庄重、雄壮、刚劲有力的感觉。

（2）对称均衡。对称是生物体自身结构的一种符合规律的存在形式，给人一种平衡或稳定感。有人认为对称是美的核心，因此，事物的对称形式会给人们带来审美的愉悦。人们在体育实践中，创造了许多形体结构在运动器械上的对称。

均衡与对称有着密切联系，表现为双方的等量不等形。对称也是一种均衡，是机械的平衡。不恰当地使用对称会显得单调、呆板，反而不美。均衡则为双方有变化的均衡，在身体锻炼的部位和成套动作的编排布局上显得尤为重要。动作的头尾衔接、照应，训练中强度、密度的合理安排，身体大小肌肉群的发达程度，都可以体现出均衡的原则。在竞赛中，恰当的组织编排，适宜的项目分配，场地、器材、灯光分布合理的使用，都会使人感受到一种均衡的美。

（3）节奏韵律。节奏就是使不整齐、不规则的声音在单位时间内达到相对有规律的秩序。节奏是体育和艺术不可缺少的要素之一，这是由其自身特点所决定的，它对运动美的评价有重要意义。对节奏的敏感是人类心理和生理本性的基本特质之一，人的各种运动形式都不自觉地根据生理节律加入一定的节奏形式。节奏的快慢一定要保持在人类生理所能承受的范围内，极快或极慢的节奏不仅会使身体活动难以适应，还会失去艺术节奏美的意义，甚至会影响运动技能的发挥。

韵律是在节奏的基础上形成的，且比节奏的变化要丰富得多，是一种富有感情色彩的节奏，它能给人运动感。

（4）多样统一。多样统一是形式美的高级形式，也叫和谐统一。在丰富多彩的体育活动中，形式美不能一味地追求整齐划一而忽略了变化，也不能为了多样的变化而舍弃统一。要在多样变化中达到统一，在统一中寻求变化，把两个方面结合起来，才是最高规格的形式美。

研究形式美是为了推动美的创造，使美的内容更充分地表现出来。形式美的规律不是凝固不变的，随着美的事物不断被发现和创造，形式美的规律也会不断地被总结、突破和发展。

二、体育欣赏的内容维度

（一）形体美

美学家认为，人的美感最先产生于对"轮廓"的良好印象。这里的"轮廓"是指人体的外观形象，亦可简称为形体，包括人的体型、姿态、风度等内容。体育比赛作为人体生理性对抗的一种运动方式，通常以空间活动表现人的体型、姿态和风度，具有复杂多变、造型奇特、动作鲜明等特点。因此，由人体运动姿态、艺术造型和表演风格构成的形体美，离不开对身体曲线和姿势、肌肉形态、皮肤色泽、面部表情、气质风度等内容进行综合评价。特别是那些艺术造型强的竞技项目，运动员往往通过超凡的力量、动作技巧和造型，把匀称的肌肉、矫健的身姿、优美的体型展现得淋漓尽致；通过极富神韵的表演风格，把运动员的外在动作和内在情感结合得恰到好处，使观赏者感受到运动员的蓬勃朝气和青春活力。

形体美包含人体的强壮美、体态美、体型美这些外形美，同时也包含一些内在美的因素，如素质美、风度美等。此外，运动员的皮肤色泽、发型、服装等也都是构成形体美的因素。

（二）动作美

在运动过程中，人的形体或部位的造型所展现出的美被称为动作美。在比赛中，运动员的动作都是在运动的，人们在欣赏时，应把对动作的欣赏放在首位。体育通过各种人体动作展示多姿多彩的动作美，各种运动项目以优美、细腻、柔韧、精巧、刚健、轻快、敏捷的动作组合来塑造美、创造美、表现美。动作美的特点在于准确、干净、协调、连贯、敏捷、舒展而富有节奏感，给人以视觉享受。

刚柔对比是形成动作美的重要手段。在体育活动中，一般把男性化的刚毅、强壮、雄健、豪放的动作表现视为阳刚之美；而把女性化的柔韧、优雅、纤巧、缠绵、秀丽、平缓的动作表现视为阴柔之美。

（三）技术美

当观众看到优美的高、难、险、新的运动技术时，将获得赏心悦目的视觉享受和充满刺激的精神享受。对技术美的欣赏往往是与对动作美的欣赏联系在一起的。

技术美是人们对体育活动真实性的审美要求，是人体美和动作美的综合体现，具有准确、协调、连贯、节奏感强以及平衡性、实效性高的特点。技术美充分显示了人的本质力量，它以特有的魅力使人们欣喜、愉快、惊奇和赞叹。

为了提高运动技术水平，运动员必须寻求能合理有效地完成动作的方法。于是技术也成了体育比赛的关键因素。运动员为了追求理想的动作模式，在高、难、险、新技术方面所做的努力，又为技术增添了美的魅力。

（四）战术美

战术美是在复杂多变的运动中，充分发挥运动员的素质和技术特点，使运动员在争取胜利的过程中体现出来的一种美。战术在激烈的比赛对抗中被称为发挥技术的先导、驾驭比赛的灵魂，是夺取比赛胜利的法宝，也是反映运动员的知识、技术、心理、智力的综合指标，特别是在一些集体项目的比赛中，其表现得尤为突出。

战术美，可通过比赛双方对战术的选择、应用和变化中得到反映。在比赛中，运动员根据各自的情况，合理调配力量，扬己之长，充分发挥良好的素质，通过绝妙的技术与环环相扣的战术配合，以柔克刚、出奇制胜，从而使观众领略到巧妙战术带来的美，让观众从更高层次体验美的意蕴。

（五）健康美

欣赏体育比赛可以体验健康美。当观众看到运动员体型匀称、肌肉强健、动作敏捷等外观形象时，就能产生由表及里的视觉效果，并把这些体育健康美的感觉印刻于心。如果按启迪自我的高标准要求，观众还可以从自我健康的对比中，接受活泼、欢快、开朗、热情等健康因素的感染，进一步认识体育锻炼对塑造人体健康所起的作用，由此树立追求健康的信念，从中获得改善自我健康的勇气和力量。

（六）风格美

1. 综合社会意识美

观众在比赛中欣赏到运动员（队）良好的思想风格，不仅是一种美的享受，还能提高自身的道德修养。体育比赛，实质上是一种复杂的社会活动。运动员在比赛中所表现出的各种思想、道德、行为都不是虚构的，而是一种真实的社会行为表现。

2. 技术风格美

技术风格美是指运动员（队）在技术、战术上所表现出来的特长与特点，即技术、战术风格和风貌上的个性之美。每个运动员（队）根据各自的特点和具体的条件，形成了与众不同的风格，构成了自己独特的技术风格美。

（七）内在美

体育是人类在几千年发展过程中形成的宝贵的文化财富。随着人类社会的高速发展，现代体育已成为一种影响广泛的全球性文化活动。现代体育比赛的内涵更加明确，外延更加丰富、深刻，充满了时代精神和人生哲理。因此，大学生仅把欣赏体育比赛当作娱乐活动是不够的，还应在欣赏中深入地思考，使自身的观念、思维、情感等都得到启迪和升华。

人们之所以能从技术、战术等角度来欣赏体育比赛并得到美的享受，主要是因为体育比赛洋溢着外在的形式美，而人们从多方位、多层面来欣赏体育比赛就会感受到一种无形的内在美。有的运动员经过长期、科学、艰苦的训练和多次临场比赛的经验积累，其技术已达到或接近尽善尽美的程度。在其获得比赛成功时，他们发自内心的巨大快感、自豪感及自我价值与愿望完全实现的幸福感，观众也会有所感受。当人们的欣赏水平和审美能力进一步提高时，体育比赛中的汗水、泪水、损伤，以及那些历尽艰难、奋发进取、顽强拼搏而最后却榜上无名的失败者也会被人们认可、理解和欣赏，并成为人们所欣赏的美的一部分。

第二节　特定运动项目欣赏

随着竞技体育的广泛发展，有利于体育竞赛开展的运动项目也日益增多，它们以不同的竞赛规则，独有的竞技方式和表现风格，吸引着世界数以亿计的观众，为人们提供了丰富的文化、艺术享受内容。要对如此众多的运动项目做全面介绍，实在是件很难的事。无论是什么形式的运动项目竞赛，都有其共性。在欣赏体育竞赛的时候，观众无不为运动员在比赛或表演中动作的美、力量的美、速度的美、战术的巧妙运用，以及运动员们顽强拼搏、团结协作的优良品质所吸引。

一、欣赏测量类项目

测量类项目的共性是以高度、远度、重量和通过一定距离所需要的时间（短跑、跳远、投掷等项目）确定比赛成绩，因此，其具有最大限度地克服生理障碍、挖掘人体潜能的特点。当人们观赏此类项目时，可从以上方面进行欣赏。

二、欣赏评分类项目

评分类项目是按一定标准，对完成动作质量进行评分，确定比赛成绩的项目。评分类项目包括竞技体操、艺术体操、竞技健美操、跳水、花样滑冰、花样游泳等。它们以一连串的动作组合为基本的表现形式，具有空间运动、动静变换、神形兼备等特点。观赏这类运动项目的比赛，应把动作的准确、娴熟、协调和完美放在首位，并注意结构编排、艺术造型和完整套路的变化，从中领悟刚柔相济的艺术及蕴含于风姿绰约中的内在魅力。

三、欣赏得分类项目

得分类项目是根据规则按每局得分达到规定数目确定比赛胜负的项目，包括乒乓球、羽毛球、网球、排球等。比赛双方各占场地一方，隔网相对，虽然得失分转换速度较快，但是运动员可在重新发球或接发球间歇中有较充裕的思考时间。观众应针对性地欣赏攻防技术和战术的应用，注意从中体会运动员的技战术特点、想象力、创造力和心理自制力。

四、欣赏命中类项目

命中类项目是以命中目标数确定比赛成绩的项目，包括设防型项目和无防型项目两类。

（一）设防型项目

在设防型项目中，运动员通常按技术规范和事先布置的战术，在遵守规则的前提下参与比赛。设防型项目具有直接对抗、攻防变换、竞争激烈等特点。为了取得比赛胜利，运动员的个人技术和体力固然重要，但更强调勇敢顽强、集体配合和战术意识，其中包括观察、判断、预测等能力。

（二）无防型项目

无防型项目是在无人防守、干扰的情况下，运动员凭借个人技术和体力优势，以命中目标多少计算成绩的项目，具有单兵作战、内紧外松的特点。沉着冷静、耐心细致、意念集中是取胜的关键，如射击、斯诺克台球等项目。

第三节　体育竞赛欣赏的意义

随着社会的进步，以及竞技体育和传媒技术的迅速发展，欣赏体育比赛已成为人们业余生活的重要内容。在职业体能训练发达的国家，欣赏体育竞赛不但丰富了人们的生活，而且对体育的了解和爱好还成为评判一个人教育水平高低的标志之一。

体育竞赛欣赏在人们现实生活中所占的比重越来越大，人们的文化生活也越来越离不开它。体育比赛所独有的审美价值是任何文化娱乐活动都不能取代的。体育竞赛欣赏能调节人们的情绪、愉悦身心、陶冶情操，满足人们追求高节奏完美生活的要求；能振奋民族精神，启发和增强大众的体育意识，使大众全面投入全民健身活动中。

具体而言，体育竞赛欣赏的意义表现在以下方面。

一、体验不同的体育文化

体育比赛作为人类智慧的结晶，集中反映了不同国家、不同民族的风俗民情和意识观念。例如，极富内向、务实和封闭性色彩的东方体育比赛与表现外向、竞争和开放性特征的西方体育比赛，就属于两种风格迥异的体育文化形式。体育文化蕴含在围绕体育比赛而进行的文化艺术活动中，包括比赛期间的文艺演出、绘画展览、火炬接力、新闻报道、电视转播、发行邮票及纪念币等。由于这些活动的开展，风格各异的体育文化形式得以在世界各地传播。通过欣赏体育比赛，人们除了可以了解各种人文景观外，还能欣赏到独具风采的文化艺术形式。

二、振奋民族精神

人们通过欣赏体育比赛，可以强化集体观念，激发爱国主义热情，振奋民族精神。各式各样比赛的参赛者都具有一定社会群体的代表性，他们在比赛场上既要实现自己的价值，又要为其所代表的群体争取荣誉，而观赏者往往与运动员有着千丝万缕的社会联系。因此，运动竞技的胜负、荣辱都与欣赏者息息相关。例如，在美国洛杉矶举行的第 23 届奥运会上，中国体育健儿实现了金牌"零"的突破，赢得了"东方巨人"的称号，全国人民无不欢欣鼓舞。中国体育健儿在奥运会上的优秀表现激发了全国人民"团结起来，振兴中华"的热情，也感染了海外侨胞，祖国体育健儿夺得金牌是中华民族的光荣和骄傲。

三、激发体育意识

体育意识是人们对体育这一社会现象及其功能、作用的认识和反应。体育比赛能启迪和激发人们的体育意识。

（一）健康意识

举办各种体育比赛的主要目的是加深群众对体育的认识，提高群众参加体育活动的积极性，以提高全民族的体质和健康水平。

（二）拼搏意识

运动员在场上表现出的高超技艺、灵活多变的战术和充沛的体力，都是多年大负荷运动训练、战胜身体上和精神上的疲劳及努力拼搏的结果。没有拼搏意识和拼搏精神，就不可能取得成功。这种拼搏意识是激发人们在各项事业中取得优异成绩的精神力量。

（三）创新意识

一个运动员或一个运动队要在比赛场上战胜对手，除了要靠自己真实的技术外，还要根据自身的特点，不断改进和创新技战术。运动员具有创新意识，才有可能争夺和保持冠军的称号。这种创新意识可以促进各项事业不断发展。

（四）道德意识

道德一般指在社会生活中处理人与人、个人与集体之间的利益得失关系的标准，以及社会中各种各样的规范和准则。运动员在赛场上应做到：胜不骄，败不馁，互相尊重，团结友爱，文明礼貌，遵守纪律。这些良好的道德规范，将成为观赏者学习的榜样，从而改善整个社会风气。

（五）遵规意识

在任何运动项目的比赛中，运动员都要严格遵守比赛规则和法规，服从裁判员的裁决，否则就要受到惩罚。这种遵规意识能使比赛有序地进行，同时也会对社会产生积极的影响。

参考文献

[1] 唐健. 大学体育与健康[M]. 南京：东南大学出版社，2005.

[2] 冯官秀，闻毅敏，陆林. 大学体育教程[M]. 北京：中国人民公安大学出版社，2007.

[3] 黄艳美. 体育与健康[M]. 广州：广东高等教育出版社，2005.

[4] 梁学军，董海业. 体育与健康[M]. 北京：化学工业出版社，2005.

[5] 刘尚达，金海燕，孙安娜，等. 大学体育[M]. 武汉：武汉大学出版社，2005.

[6] 大学体育与健康教程编委会. 大学体育与健康教程（上）理论知识[M]. 北京：北京体育大学出版社，2005.

[7] 赵德龙，李福祥. 大学体育实践教程[M]. 哈尔滨：哈尔滨工业大学出版社，2007.

[8] 左从现，张兆才，易勤. 高校体育教程[M]. 武汉：武汉大学出版社，2006.

[9] 季浏. 体育与健康[M]. 上海：华东师范大学出版社，2006.

[10] 王晓莉，罗永清. 体育与健康[M]. 重庆：重庆大学出版社，2006.

[11] 邹师. 体育理论教程[M]. 北京：现代出版社，2001.

[12] 曹湘君. 体育概论[M]. 北京：北京体育大学出版社，1995.

[13] 曲宗湖，杨文轩. 现代社会与学校体育[M]. 北京：人民体育出版社，1999.

[14] 周登嵩. 学校体育学[M]. 北京：人民体育出版社，2004.

[15] 王维群. 营养学[M]. 北京：高等教育出版社，2001.

[16] 姚鸿恩，郑隆榆，黄叔怀. 体育保健学[M]. 3版. 北京：高等教育出版社，2001.

[17] 周西宽. 体育基本理论教程[M]. 北京：人民体育出版社，2004.

[18] 杨国庆，殷恒婵. 大学体育文化与运动教程[M]. 北京：北京体育大学出版社，2007.

[19] 杨文轩，陈琦. 体育概论[M]. 2版. 北京：高等教育出版社，2013.

[20] 姚鸿恩. 体育保健学[M]. 4版. 北京：高等教育出版社，2006.

[21] 易勤，郭晶. 当代大学生体育教程[M]. 武汉：武汉大学出版社，2007.

[22] 吴兆祥. 大学体育[M]. 合肥：安徽大学出版社，2002.

[23] 黄瑶，唐伟，张桂兰. 大学体育与健康教程[M]. 北京：北京工业大学出版社，2005.

[24] 孙麒麟. 体育与健康教程[M]. 3版. 大连：大连理工大学出版社，2004.

[25] 孙洪涛. 大学体育与健康教育[M]. 长沙：湖南师范大学出版社，2001.

[26] 黄茂武，陈智勇. 大学体育理论与实践教程[M]. 广州：中山大学出版社，2003.

[27] 甄子会. 大学现代体育[M]. 北京：高等教育出版社，2010.